LOS SECRETOS DEL LENGUAJE CORPORAL

Guía para interpretar el significado de miradas, gestos y posturas

LOS SECRETOS DEL LENGUAJE CORPORAL

Guía para interpretar el significado de miradas, gestos y posturas

RICARDO CALZA GONZÁLEZ

www.ricardocalza.es

Imágenes de portada:
Beautiful Brunette Woman Theatrical Performance Mime Dance White © Chris Boswell - Fotolia.com.

Foto del autor:
© 2014, José Antonio Domínguez Loureiro.

© 2014, Ricardo Calza González.

CreateSpace Independent Publishing Platform
1ª edición (Octubre 2015); v28

ISBN-13: 978-1507894149
ISBN-10: 1507894147

ÍNDICE

«Es esencial que aprendamos a leer las comunicaciones tácitas y silentes con la misma facilidad con que captamos las orales y las escritas. Solo haciéndolo así podremos también comunicarnos con otras gentes, tanto dentro como fuera de nuestras fronteras nacionales, cosa que cada día estamos más y más obligados a realizar».

La dimensión oculta.
Edward T. Hall (1914-2009).
Antropólogo estadounidense.

LA FALSEDAD DE LAS PALABRAS

«Las palabras están llenas de falsedad o de arte; la
mirada es el lenguaje del corazón».
William Shakespeare (1564-1616).
Escritor británico.

Es imposible no comunicar. Esto nos lo dijo el psicólogo
norteamericano Paul Watzlawick en el libro *Teoría de la comunicación
humana* (Herder, 1995), en el que, junto con Janet B. Bavelas y Don
D. Jackson, analizaba los distintos niveles de la comunicación
humana y cómo las personas transmitimos información y
significados a más niveles que el estrictamente verbal.

Siendo conscientes de que existen distintos niveles en la
comunicación humana, nos daremos cuenta de que en muchas
ocasiones lo importante no es lo que se dice, sino cómo se dice, ya
que esto último es lo que permite saber el verdadero significado de
lo que las personas, con mayor o menor intención, comunican en
realidad.

Si bien Watzlawick y sus colegas se referían a otro nivel de
comunicación distinto incluso del no verbal, el mensaje de la
imposibilidad de no comunicar es igualmente aplicable al propósito
de este libro porque, sea al nivel que sea, efectivamente es
imposible no comunicar en cualquier interacción entre personas.

Tal vez alguien piense que para no comunicar basta con no
hablar, pero lo cierto es que aun en esa situación, a través del
lenguaje corporal, una persona estaría igualmente transmitiendo
información que un observador experto podría, con relativa
facilidad, percibir e interpretar.

El mero hecho de no querer hablar, la dirección de la mirada, si rehúye o no el contacto ocular, la posición que adopta al estar de pie o sentarse, la orientación del cuerpo, qué hace con las manos y los brazos… todo lo que hiciera con su cuerpo trasmitiría de forma silenciosa valiosa información que permitiría a ese observador experto plantearse si la persona realmente quiere hablar o no, hasta qué punto está dispuesta a no hacerlo, si hay algo que llama su atención, los posibles motivos por los que no quiere hablar, cuál es su verdadero estado emocional… y mucho más.

Como puede comprobar, es imposible no comunicar. Todo, absolutamente todo lo que hagamos o dejemos de hacer con nuestro cuerpo, transmite algún tipo de información sobre nosotros. Y a menudo es una información más fiable que la que se transmite por medio del lenguaje verbal.

Este otro nivel de comunicación, distinto del nivel verbal, es el que habitualmente se conoce como lenguaje corporal, lenguaje no verbal, lenguaje cinésico o lenguaje silencioso, y es en este tipo de comunicación en el que nos adentraremos en este libro, centrándonos en su explicación y en sus significados. De esta manera es como sacaremos a la luz los secretos del lenguaje corporal.

LÓGICA VERSUS INTUICIÓN

«Probamos por medio de la lógica, pero descubrimos
por medio de la intuición».
Henri Poincaré (1854-1912).
Matemático francés.

Por paradójico que le pueda parecer, usted ya conoce los secretos
del lenguaje corporal, o al menos algunos de ellos, solo que no es
consciente de conocerlos.

Todos nosotros, sin excepción, percibimos este tipo de lenguaje
y lo tenemos muy en cuenta a la hora de crearnos impresiones
sobre los demás, impresiones que pueden tener una importancia
decisiva en las elecciones que hacemos en la vida, como en el caso
de las personas con las que establecemos relaciones personales o
profesionales y el curso que siguen esas relaciones.

Pero aunque todos percibimos y nos guiamos en buena medida
por esas valoraciones, lo que ocurre es que la amplia mayoría de las
personas no las hace a nivel consciente, sino que las realiza a un
nivel intuitivo.

Cualquiera de nosotros sabe que alguien está enfadado no solo
por lo que dice, sino por cómo lo dice: su tono de voz, los gestos
de su cara, los movimientos de sus brazos, la distancia a la que nos
habla… Percibimos toda esa información a través de nuestros
sentidos, para inmediatamente procesarla en nuestro cerebro, que
acaba creando el pensamiento de que esa persona está enfadada.

Aunque la mayoría de la gente, al no detenerse a analizar este
proceso, pensará que ha sido exclusiva o principalmente el lenguaje
verbal lo que le ha servido para deducir el estado de ánimo de esa

persona, lo cierto es que es mucho más probable que haya sido el lenguaje corporal el que ha tenido más en cuenta para llegar a esa conclusión.

Principalmente el lenguaje corporal transmite actitudes y emociones, y sobre todo a estas últimas los seres humanos somos muy sensibles. Los etólogos (biólogos que estudian el comportamiento animal) sostienen que buena parte de nuestro lenguaje corporal se trata de conductas innatas e instintivas, y que de la observación de animales genéticamente parecidos a nosotros se pueden deducir con claridad las expresiones y propósitos naturales de muchos de los gestos que, evolucionados, los seres humanos realizamos habitualmente.

Así, para estos investigadores la sonrisa humana es la evolución de la mueca que muchos primates utilizan para expresar sumisión o aceptación dentro de una manada. En el caso humano, ese gesto habría acabado derivando en la sonrisa que utilizamos para expresar empatía, conexión emocional, comprensión, alegría o intenciones pacíficas. Y lo mismo pasa con el saludo, que entre los primates sirve para indicar ausencia de agresividad e intenciones pacíficas cuando un animal se acerca a otro, y que ha evolucionado en un gesto que es parte de la costumbre humana de saludarse, en la que fácilmente se puede distinguir el mismo significado básico que tiene en el reino animal.

Independientemente del origen de los gestos, lo cierto es que todos percibimos los mensajes que se transmiten mediante el lenguaje corporal y que en base a ellos nos formamos una impresión general de las intenciones de los demás, de cómo piensan y cómo sienten, y que nos guiamos por ella para llegar a conclusiones y hacer juicios. Pero la mayoría de las personas hace esta valoración a un nivel inconsciente, un nivel sobre el que no tiene mucho control y del que por lo tanto no se percata conscientemente.

Continuando con el ejemplo anterior, en el que una persona mostraba su enfado, imagínese ahora que esa misma persona nos dice (a usted o a mí) en un tono alegre y sonriendo que está enfadada con nosotros. Es muy posible que no tengamos ninguna reacción y que incluso dudemos de lo que dice, como lo probaría el hecho de que probablemente lo primero que haríamos sería preguntarle, extrañados (e incluso puede que divertidos), por qué está enfadada, para confirmar si realmente lo está o no.

Pero si esa misma persona, en lugar de comunicarnos verbalmente su enfado, se acerca a nosotros rápidamente, dando grandes zancadas, agitando brazos y manos, haciendo gestos bruscos, movimientos amplios y diciendo cosas ininteligibles, es muy probable que lo primero que hagamos sea tener un reacción defensiva, dando pasos hacia atrás, echando a correr o protegiéndonos de alguna manera.

En una situación como esta última, el cerebro no pondría en duda ni por un momento el significado del lenguaje corporal y rápidamente nos prepararía para que nos defendiéramos, huyéramos o atacáramos. Sin embargo, en la primera situación (aquella en la que la persona nos decía sonriendo que está enfadada), el cerebro sí dudaría, y no solo no nos prepararía para reaccionar defensivamente sino que incluso podría llegar a hacer que nos tomáramos a broma lo que la otra persona nos dice.

Esta es una buena manera de darnos cuenta de que aunque pensemos que no sabemos mucho de comunicación no verbal o incluso no «creamos» mucho en ella, nuestro cerebro sí se fía de ella y la tiene muy en cuenta a la hora de dirigir nuestra conducta.

Otros ejemplos de las impresiones que nos formamos con el lenguaje corporal serían cómo si una persona, a la vez que nos habla, mantiene una postura encorvada o contraída sobre sí misma, nos formaríamos la impresión de que está triste o de que se trata de una persona tímida; o cómo si una persona mantiene una distancia personal excesiva respecto a nosotros u orienta su cuerpo en otra dirección cuando le hablamos pensaríamos que no le interesa lo que le decimos. ¿Y qué me dice del llanto? Si vemos a una persona llorar enseguida asumiremos que se encuentra triste y con facilidad nos compadeceremos de ella, pudiendo incluso llegar a hacernos sentir tristes, todo esto sin necesidad de que pronuncie una sola palabra. El lenguaje corporal a menudo transmite emociones, y las emociones se «contagian» de una persona a otra sin que sea necesario que medien palabras, tal es la importancia de la comunicación no verbal.

Si un día se encuentra en la terraza de una cafetería o sentado en un parque dedique unos instantes a observar a las personas que pasean y charlan a su alrededor. Céntrese en las expresiones de las caras de la gente, en las distintas sonrisas que utilizan, hacia dónde dirigen la mirada, qué hacen con las manos, cómo orientan su cuerpo y qué posturas adoptan… Seguramente comprobará que es perfectamente capaz de aventurar interpretaciones del estado emocional de las personas que observa sin necesidad de escuchar lo que dicen.

Así que todos detectamos y percibimos inconscientemente el lenguaje no verbal pero, como en tantas otras cosas, no prestamos atención a esta capacidad natural que tenemos, y por lo tanto no la desarrollamos y no aprendemos a sacar partido de ella.

El psicólogo norteamericano Albert Mehrabian (1971) estimó que los mensajes que se reciben a través del lenguaje corporal suponen el 55% de la información que utilizamos para elaborar juicios sobre los demás (especialmente cuando hay emociones implicadas), mientras que el tono de voz supondría el 38% y lo que se nos dice con palabras tan solo el 7%. A la vista de estos datos, es muy probable que cuando alguien dice que se le da bien juzgar a la gente y que tiene buena intuición para las personas, sea porque es muy receptivo al lenguaje no verbal, aun sin ser plenamente consciente de ello.

La mayoría de las personas centra su atención en lo que los demás dicen, en lo que comunican con el lenguaje verbal, considerándolo como la única forma de comunicarse unos con otros, en lugar de poner el foco de su atención en el lenguaje no verbal, que es un lenguaje inherente a la comunicación humana y anterior al propio lenguaje verbal. Sin ir más lejos, una persona con discapacidad auditiva o un actor podrían sin duda decirnos mucho acerca de lo importante que el lenguaje corporal es, tanto para comprender lo que los demás comunican como para transmitir eficazmente mensajes a los demás.

Quienes se fijan solo en el lenguaje verbal, al utilizar solo un nivel de la comunicación para valorar lo que las personas comunican, pasan por alto una gran cantidad de la información real que se da en cualquier interacción entre personas. Fiándose de un solo canal comunicativo para conseguir la información con la que formar sus opiniones y juicios, se exponen a creer mentiras, a no entender el verdadero mensaje que otras personas les quieren transmitir, a no detectar las necesidades de los demás y, a veces, a frustrarse porque lo que escuchan no concuerda con lo que su intuición les dice (la persona les dice una cosa, pero una parte de su cerebro parece decirles otra).

Lo cierto es que si no prestamos atención al nivel no verbal en la comunicación con los demás, a menudo no entenderemos lo que de verdad trasmiten las personas y para formar nuestras impresiones dependeremos de lo que los demás nos quieran, o sean capaces, decir o no con las palabras.

Todo esto es de aplicación no solo para los demás sino también para nosotros mismos. Igual que nos formamos impresiones de los demás según lo que comunican con su cuerpo, los demás también reaccionan y se forman impresiones de nosotros por lo que «decimos» con nuestro lenguaje corporal. A menudo ponemos todo nuestro esfuerzo en comunicar mediante palabras y descuidamos completamente la comunicación con nuestro cuerpo. Esto hace que nuestro poder comunicativo sea mucho menor y que aunque queramos ocultar nuestros verdaderos pensamientos o sentimientos bajo palabras y discursos, la verdad se revele de forma evidente a través de nuestro lenguaje no verbal. Algo que no pasará inadvertido para quien sepa en qué debe fijarse. Sin que ni siquiera nos demos cuenta, somos un libro abierto para una persona que conozca el lenguaje corporal y sepa interpretarlo.

Es por todos estos motivos que este libro pretende ser una guía para hacerle consciente de los mecanismos de la comunicación no verbal, de manera que adquiera más dominio sobre su propia forma de expresarse y comunicar y aprenda a reconocer e interpretar mejor los mensajes que los demás constantemente trasmiten con su lenguaje corporal.

Para ello le enseñaré a fijarse en los ojos de una persona, en su forma de mirar, en la duración de su mirada, en lo que hace con sus cejas... Aprenderá a traducir las expresiones faciales o las posturas corporales en mensajes que revelan los pensamientos, las actitudes y los estados emocionales de las personas. Verá cómo la distancia que las personas guardan unas respecto de las otras, los movimientos de los brazos o las manos, la apariencia personal o el paralenguaje (tono y volumen de voz, velocidad del habla) trasmiten continuamente información que le servirá para saber qué comunica realmente cada persona.

Tomará consciencia de un nuevo nivel de comunicación, mediante el que descubrirá que las personas somos como balizas en medio de un océano que, aun sin darnos cuenta, transmitimos incesantemente señales que dicen quiénes somos, qué pensamos y qué sentimos.

CONSIDERACIONES

«Si tu intención es describir la verdad, hazlo con
sencillez y la elegancia déjasela al sastre».
Albert Einstein (1879-1955).
Científico alemán nacionalizado estadounidense.

Antes de empezar vamos con una serie de consideraciones, necesarias tanto para establecer las bases de nuestra forma de abordar la explicación del lenguaje corporal como para hacerse una idea de las premisas bajo las que siempre se deben entender e interpretar sus significados.

Mala fama del lenguaje corporal

El lenguaje corporal tiene cierta «mala fama», que a menudo provoca que se le minusvalore y se subestime su verdadero papel en la comunicación. Desde mi punto de vista, este desprestigio se debe a que muchas veces se utiliza el lenguaje corporal para dictar, casi a modo de sentencias inapelables, conclusiones definitivas sobre lo que una persona piensa o siente en una determinada situación.

Esto por sí solo ya provoca rechazo en mucha gente, que puede sentir que hay una especie de «adivinos» que creen poder decir cómo piensa o siente alguien basándose solo en un gesto o una postura.

Tenemos ejemplos de esto en la televisión, cuando un «experto» (con frecuencia se le suele presentar así, sin decir si es psiquiatra, psicólogo, sociólogo, antropólogo, etc., lo que genera dudas porque nadie sabe a qué campo del conocimiento pertenece) analiza el lenguaje corporal de los políticos y, basándose en unos pocos gestos, dice si mintieron o no en tal declaración o si estaban nerviosos o se sentían confiados en un debate electoral. También abundan los artículos y cursos de formación sobre cómo debemos comportarnos en las entrevistas de trabajo, en los que se nos dicen cosas como que cruzar las piernas o los brazos es señal de actitud defensiva (algo que al parecer el entrevistador tendrá muy en cuenta para valorar nuestra idoneidad para el puesto de trabajo, casi sin importarle lo que digamos o los méritos que aportemos), a la vez que se pretende enseñarnos cómo saludar o sentarnos si queremos causar buena impresión, dando la sensación de que un gesto distinto podría definir casi fatídicamente una entrevista de trabajo.

En todos estos casos, al simplificar en exceso, se magnifica el valor comunicativo de gestos y posturas, hasta el punto de que parece que cualquier gesto o postura por sí solo puede resultar definitivo para averiguar cómo alguien piensa o se siente. Parece también que se nos tiene que enseñar a movernos y a adoptar posturas, olvidando que si algo tiene el lenguaje corporal es que permite a las personas expresarse tal y como piensan y sienten, algo que no siempre se puede hacer con el lenguaje verbal.

Cualquier intento de encorsetar, sancionar o corregir el lenguaje corporal de una persona, o atribuirle un poder comunicativo exagerado, a menudo producirá un rechazo natural en una gran parte de la gente, porque lo interpretará como una exageración, una limitación o un intento de censura de su forma de ser y expresarse.

Dejarse guiar por esta concepción del lenguaje corporal nos hace adquirir unos prejuicios que distorsionan y sesgan su verdadero papel en la comunicación humana. Por mucho rechazo que pueda producir la excesiva importancia que se le otorga al lenguaje corporal en situaciones como las descritas, eso no debe impedirnos ver que cualquiera de nosotros, en nuestra vida diaria, a cada momento, hacemos continuas interpretaciones del lenguaje corporal de los demás, y que en las impresiones que nos formamos y otros se forman sobre nosotros, la comunicación no verbal tienen un papel muy importante.

Que una persona nos sonría y qué tipo de sonrisa utilice, hacia dónde dirija su mirada, cómo utilice las manos, la distancia que haya entre los dos al hablar, las sensaciones que sentimos si la tocamos o cuando nos toca... todos ellos son elementos del lenguaje corporal que todos, constantemente, tenemos en cuenta al interactuar con otras personas. No hay más que pensar en el comportamiento propio, en cómo utilizamos intencionadamente gestos, miradas y posturas para expresar pensamientos y emociones, llamar la atención de los demás o tratar de ocultar nuestros verdaderos pensamientos o sentimientos.

Si se piensa con cierta objetividad sobre el lenguaje corporal, dejando a un lado creencias irracionales y prejuicios adquiridos por limitadas y parciales explicaciones de lo que es realmente, resulta difícil no darse cuenta de la importancia que tiene, de lo presente que está en todas nuestras interacciones y comunicaciones y del valor práctico y aplicación directa que tiene su conocimiento. Su presencia e importancia como forma de comunicación es innegable, hasta el punto de que a su estudio se han dedicado psiquiatras, psicólogos, sociólogos, antropólogos, biólogos, lingüistas e investigadores de la más variada formación en la disciplina que se conoce como *cinésica*.

Si dejamos a un lado los prejuicios que, en algunos casos, nos hemos formado con facilidad se despertará nuestro interés en él, porque reconoceremos que lo utilizamos continuamente tanto para comunicar como para interpretar lo que los demás comunican.

Pero para encauzar adecuadamente ese interés y concretarlo en el deseo de profundizar en el conocimiento del lenguaje corporal es necesario entender primero cuál es su importancia real, otorgándole su verdadero sitio dentro de la comunicación humana. Y eso pasa por aceptar que no es la única forma de comunicación, sino que es una forma más.

Una forma más de comunicación

Lo primero que debemos tener claro es que el lenguaje corporal es una forma de comunicación por la que las personas expresan, de forma más o menos intencionada, sus pensamientos, sus emociones y sus sentimientos. Pero es una forma *más*, es decir, no es la única. Existe, como ya sabemos, el lenguaje verbal.

La comunicación humana es compleja, debido a que depende de muchos factores, tanto de cada persona, de la situación o contexto en el que se produce, como de factores sociales o culturales. Por este motivo no debemos creer que somos capaces de juzgar acertadamente lo que una persona comunica basándonos solo en uno de los niveles de comunicación, sea este cual sea. Siempre debemos tener en cuenta, en la medida que podamos, el lenguaje verbal, el lenguaje no verbal, el contexto y la situación en los que se da la comunicación, el conocimiento previo que tenemos de la persona que estamos observando y el tipo de relación que tenemos con ella.

No debemos dar por infalibles nuestros juicios basándonos en uno solo de los niveles de la comunicación, sea este el verbal o el no verbal, por mucho conocimientos que tengamos de él. Siempre, antes de dar un juicio como cierto, debemos tratar de recopilar información de los dos niveles y de las distintas variables que influyen en cualquier comunicación entre personas.

Tener mayor conocimiento sobre el lenguaje corporal nos ayudará a elaborar suposiciones sobre lo que los demás comunican que tienen más probabilidades de ser acertadas, lo que hará que nuestros juicios y opiniones sobre las personas y lo que expresan se acerquen más a la realidad. Un mayor conocimiento sobre el lenguaje corporal nos permitirá anticipar más acertadamente cuál es el posible significado de un determinado gesto o postura, pero no podemos dar ese juicio por definitivo sin tener en cuenta todos los otros factores que están presentes en cualquier acto comunicativo.

Ser conscientes de los niveles de la comunicación y de los factores que influyen en ella también nos ayudará a nosotros mismos a ser más eficaces en nuestra propia comunicación. Un mejor uso del lenguaje corporal nos permitirá complementar mejor lo que decimos con palabras o incluso tener menos necesidad de recurrir a ellas para transmitir lo que queremos, con lo que nuestra capacidad para comunicar y para influir en los demás será más poderosa.

¿Qué tipo de mensajes comunicamos no verbalmente?

Se llama *código* a los elementos que permiten transmitir un mensaje, por parte de quien lo emite, e interpretarlo, por parte de quien lo recibe. En la comunicación verbal el código son las palabras, o si se quiere ser más concreto el idioma que se utiliza.

Cuando se comunica un mensaje (un pensamiento o una emoción), quien lo emite lo *codifica* en ese código, y quien lo recibe lo *descodifica* para comprender su significado.

En el caso de la comunicación no verbal el código lo constituyen las expresiones, los gestos y las posturas (y en menor medida también los olores). Esto supone que, comparado con el complejo código del lenguaje verbal, el del lenguaje corporal sea un código más limitado y que transmitirá mensajes más básicos, menos elaborados que los que se envían con las palabras, pero que, por su mayor sencillez, serán más fáciles de entender y descodificar.

Mientras que con palabras podemos trasmitir mensajes complejos, no ocurre lo mismo con el lenguaje no verbal. Esta característica, que en un principio podría parecer una debilidad o una desventaja, es sin embargo un elemento muy a tener en cuenta a la hora de interpretar el lenguaje corporal.

Debido a que no sirve para trasmitir mensajes complejos, la comunicación no verbal se utilizará siempre para comunicar mensajes básicos, poco elaborados y muy breves comparados con los del lenguaje verbal, y que principalmente serán el reflejo de dos cosas: pensamientos y emociones (incluimos en las emociones también los sentimientos), y que serán además los pensamientos y emociones más básicos respecto a personas o situaciones, es decir que serán lo que realmente se piensa o se siente respecto a algo o alguien.

Traducidos al lenguaje verbal, los mensajes que se emiten por medio de gestos y posturas serán tan sencillos como *«me aburro»*, *«me gustas»*, *«te ignoro»*, *«esto no sirve para nada»*, *«me hace mucha gracia»*, *«acércate»*, *«tengo prisa»*, *«estoy nervioso/a»*, *«estoy preocupado/a»*, etc. Así que los esfuerzos a la hora de interpretar el lenguaje no verbal serán para reconocerlo y saber su significado, pero una vez hecho esto, debido a su sencillez, no serán necesarios esfuerzos de ningún tipo para entenderlos o comprenderlos.

Emociones y sentimientos

Una vez que sabemos que con el lenguaje corporal se expresan pensamientos simples y emociones básicas, es momento de dedicar unas cuantas líneas a las emociones.

Normalmente se confunden emociones y sentimientos, cuando no son lo mismo. Las emociones son impulsos automáticos, que no podemos evitar sentir, de duración muy breve (segundos), mientras que los sentimientos son sensaciones más elaboradas, profundas y de mucha mayor duración (pueden durar toda la vida). En la medida en que el lenguaje corporal expresa más emociones que sentimientos, será más difícil de controlar para las personas, al contrario de lo que ocurre con el lenguaje verbal, que a menudo utilizamos para ocultar lo que sentimos.

Las emociones que sentimos los seres humanos son solo seis, y sobre ellas construimos nuestro complejo mundo sentimental. Estas seis emociones básicas son la alegría, la tristeza, el miedo, la ira, la sorpresa y la aversión (sensación de repulsión o asco).

A la hora de interpretar el lenguaje corporal, para poder dar matices y significados a lo que percibimos, debemos tener siempre en cuenta que las emociones básicas que transmite el lenguaje corporal son la expresión de reacciones simples que pueden ser la muestra de sentimientos y actitudes más complejos. Así, si interpretamos alegría en las reacciones de una persona esta puede ser un reflejo de satisfacción, amor o simpatía; la tristeza puede reflejar melancolía o amargura; el miedo puede ser la expresión de rechazo o desconfianza; la ira se puede traducir en agresividad u hostilidad; la sorpresa no siempre tiene que ser siempre sinónimo de positividad, como es el caso de una reacción de sorpresa hacia algo que nos asusta; por último, la aversión puede dar lugar a gestos de rechazo o de defensa.

Es decir, que una vez percibido y correctamente interpretado un gesto o una postura, siempre debemos tener presente la amplitud de sus posibles significados para acertar con el más adecuado.

¿Cómo se evalúa el lenguaje corporal?

Es de suponer que a medida que vaya avanzando en la lectura del libro y adquiera más conocimientos sobre la comunicación no verbal, empiece a buscar la aplicación práctica de esos conocimientos.

Deduzco que comenzará a fijar su atención en el lenguaje corporal de las personas con las que se relaciona o a las que tiene ocasión de observar. Es por ello que debe tener claro cómo debe observar el lenguaje corporal de los demás sin que dé la sensación de que está evaluando o examinando a alguien (recuerde que los demás también perciben su lenguaje corporal y, aunque sea a nivel intuitivo, no tardarían en darse cuenta de que tiene usted una actitud evaluativa, lo que haría que se sintieran desconfiados e incómodos y que trataran de cuidar más lo que expresan con su lenguaje corporal).

Se dice que no se puede observar un fenómeno sin que este sea modificado, algo que es completamente aplicable al lenguaje corporal. En la medida en que una persona se sienta observada, su lenguaje corporal cambiará completamente, hasta el punto de que es posible que en lugar de informarnos naturalmente sobre lo que piensa o siente, la comunicación sirva para que nos demos cuenta de que hemos logrado que alguien se ponga a la defensiva respecto a nosotros.

En una interacción humana normal, los interlocutores suelen mirarse la mayor parte del tiempo a los ojos, con miradas de duración breve (no se mantiene continuamente la vista fija en los ojos de la otra persona), entre las que se intercalan fugaces desviaciones de la mirada hacia otras zonas de la cara, de la parte superior del cuerpo y del entorno más próximo a la persona con la que se habla. Cualquier cambio evidente en ese comportamiento llamará la atención de nuestro interlocutor y alterará su lenguaje corporal.

Para evaluar el lenguaje corporal de otra persona, mientras mantenemos una conversación con ella debemos acostumbrarnos a hacerlo de forma que no llame la atención. Debe hacerse mientras usamos esas miradas en las que desviamos la atención de los ojos de la otra persona, y no debemos mostrar excesiva sorpresa sobre lo que vemos. Una vez que nos hemos fijado en un gesto, debemos volver a mirar a la otra persona de la forma habitual a los ojos, sin desviar nuestra atención hacia ese gesto que acabamos de notar. Es decir, debemos actuar con normalidad.

Es necesario tener siempre presente esta precaución, evitando mirar detenidamente a las distintas partes del cuerpo de una persona. Hay que aprender a evaluar de forma fugaz, con miradas rápidas a las zonas del cuerpo que queremos observar y después volviendo a mirar a la cara a nuestro interlocutor, utilizando el gesto aceptado socialmente para mantener una conversación, para no llamar la atención y no alterar el comportamiento de quien observamos.

Esto es aplicable tanto cuando se interactúa con una persona como con varias. En muchas otras ocasiones podremos dedicar más tiempo a observar el lenguaje corporal de los demás, sea porque nos estamos fijando en personas con las que no estamos teniendo una conversación, sea porque la atención de la otra persona no está puesta en nosotros.

En resumen, debemos actuar con normalidad en nuestras interacciones, hacer nuestras observaciones del lenguaje corporal de forma rápida, breve y fugaz, sin alterar el desarrollo normal de la interacción y sin llamar la atención de la otra persona, para que su lenguaje corporal sea una expresión natural de cómo siente y piensa.

Sinfonía de gestos

Cuando se observa el lenguaje corporal lo normal es fijarse en las *prima donnas* de este nivel de la comunicación, que son los ojos, la boca y las manos, pero no debemos subestimar a otras partes del cuerpo. Como si se tratara de una orquesta, una obra de teatro o una ópera, en el lenguaje del cuerpo humano cada elemento cuenta para componer el mensaje final que nos trasladará la información sobre lo que siente o piensa una persona.

Aunque como en el caso de orquestas, obras teatrales y óperas hay violines, protagonistas y cantantes principales (en caso del cuerpo serían los ojos, los labios y las manos), hay también intervinientes secundarios sin los cuales el resultado final no sería posible o sería mucho menos rico en información.

Es por esto que aunque puede parecer carente de valor o incluso gracioso que hablemos del valor comunicativo de la nariz, el cuello o las orejas, partes como estas también envían significados no verbales sobre los estados de una persona que no debemos dejar de tener en cuenta al interpretar el significado de gestos y posturas.

Engañar con el cuerpo

Sun Tzu, el legendario y enigmático estratega militar chino, dijo en su famoso tratado *El arte de la guerra* que *«el arte de la guerra se basa en el engaño»*. No caeré en el recurso fácil de comparar la comunicación y la interacción entre personas con una guerra, pero sí es cierto que en la comunicación humana se da a menudo la estrategia, con el propósito de conseguir unos determinados objetivos. Deliberadamente las personas mienten, intentan convencer, tratan de influir o buscan atraer la atención, para lo cual transmiten determinados mensajes con su lenguaje verbal.

Y esto mismo pasa con el lenguaje no verbal. Las personas, en la medida en que conozcan y tengan mayor dominio sobre este nivel de comunicación, lo utilizarán también para conseguir sus objetivos, y por lo tanto tratarán de engañar, influir, atraer, emocionar o convencer a los demás con su lenguaje corporal. No debe perder esto nunca de vista a la hora de interpretar el significado de lo que trasmite el cuerpo. Como decíamos antes, otros factores como el contexto, el conocimiento previo que tengamos de la persona o la situación nos ayudarán a llegar a una valoración lo más acertada posible.

Ahora bien, dicho esto debemos tener en cuenta que el conocimiento del lenguaje no verbal está mucho menos extendido y es menos utilizado a voluntad por la amplia mayoría de las personas, por lo que con frecuencia revelará más verdad que el lenguaje verbal.

Además, la gran mayoría de las personas dedican sus esfuerzos comunicativos a lo que expresan con la mirada o con la cara, pero prestan mucha menos atención a sus manos, a la postura que adoptan o a lo que hacen con sus piernas o pies. Si bien alguien puede engañarnos o confundirnos con la mirada o una expresión de la cara, es mucho más difícil que lo haga con su postura corporal o con sus extremidades, que más temprano que tarde acabarán expresando sus verdaderos estados o intenciones. Por eso, en general, se puede afirmar que el lenguaje corporal es más fiable que el verbal, porque suele revelar más fielmente las verdaderas intenciones y actitudes de las personas.

La primera guía

Son muchos los libros que tratan sobre el lenguaje corporal. Este no pretende ser una guía definitiva o la última guía, sino más bien ser la primera o, al menos, de las primeras. A continuación explico el porqué.

Cuando he leído libros sobre el lenguaje corporal con frecuencia me he sentido abrumado por la cantidad de gestos que hay y por la multitud de significados que cada gesto o postura puede tener. Son miles los diferentes gestos y posturas que una persona puede adoptar, todos ellos con su propio significado. Y además están las combinaciones de gestos: un tipo de mirada puede significar una cosa, pero combinada con una determinada posición del cuerpo o cierto gesto de los labios tendrá un significado distinto. Esta gran variedad de significados y las casi infinitas matizaciones posibles de la gestualidad humana, a menudo hace que no se pueda seguir un orden en la descripción del lenguaje corporal y, sobre todo, que su comprensión se haga muy difícil debido a la falta de concreción, al seguimiento de un orden lógico y al exceso de información.

Es por este motivo que en el libro adoptaré la siguiente estrategia para explicar los entresijos de la comunicación corporal, con el objetivo de hacerla fácilmente comprensible y también fácilmente recordable:

En primer lugar dividiremos el cuerpo humano en tres zonas: zona superior (cabeza y cuello), zona media (tronco, brazos y manos) y zona baja (caderas, piernas y pies).

Para cada zona veremos los significados más básicos de los gestos y posturas más habituales que se pueden adoptar con las distintas partes que la forman. Explicaremos sus significados más evidentes, por lo que la interpretación que daremos de ellos será lo más sencilla y general posible, tratando siempre que sea posible de reducir su significado a si trasmiten estados positivos o negativos y sin entrar en excesivos matices, variaciones o detalles, que creo que abrumarían al lector y que serían casi inabarcables para el autor que les escribe, debido a la inmensa cantidad de ellos que existe.

Creo que hacerlo así contribuirá a que quien lea el libro adquiera una impresión general sobre los significados más básicos de los distintos gestos y posturas, que le servirá para aumentar su sensibilidad a la hora de percibirlos a la vez que le dota de unos apoyos a los que recurrir cuando quiera interpretarlos en su experiencia diaria. Una vez ganado este conocimiento, habrá creado unos nuevos esquemas mentales para percibir de forma más consciente el lenguaje corporal, con lo que le será mucho más fácil combinar esos significados con el contexto en el que se dan y la persona que los transmite, para así interpretar por sí mismo cualquiera de las innumerables variaciones y combinaciones que se puedan dar.

En este punto es necesario hacer una advertencia. El libro pretende dar al lenguaje corporal su verdadero lugar dentro de la comunicación entre personas, sin exagerar su importancia pero sin quitarle la que realmente posee. No busco revelarle un significado sorprendente y desconocido sobre un determinado gesto o postura, del tipo *«si una persona se toca la nariz de cierta forma es que siente deseo sexual»*, sino enseñar los significados básicos y más probables que las personas podemos emitir con nuestro cuerpo. Algunos, por lo evidente, le parecerán irrelevantes (en ese caso será una señal de que es consciente de cómo su cerebro interpreta ese gesto), pero otros, por lo sorprendente, le parecerán increíbles (eso será una clara señal de que no es consciente de cómo su cerebro interpreta ese gesto o postura).

El libro pretende despertar la capacidad de cada lector para interpretar por sí mismo el lenguaje corporal y facilitar así que sea capaz de hacer estas interpretaciones a un nivel más consciente, logrando algo que no está al alcance de muchas personas: poder traducir la información que se obtiene en un nivel de comunicación (el no verbal) por el código del otro nivel (las palabras del lenguaje verbal).

Pretende enseñar la capacidad de interpretación del lenguaje corporal aumentando la receptividad hacia él, pero después debe ser cada lector quien, sobre la estructura creada en su mente con la lectura de esta guía, se atreva a interpretar el significado de cada gesto y postura en cada caso concreto.

Gestuario

A pesar de las intenciones declaradas en el apartado anterior, tampoco rehuiré el detalle, por lo que una vez logrado el propósito principal de dotar al lector de una mayor sensibilidad y conocimientos básicos sobre la gestualidad humana, al final del libro, en el *Gestuario*, sí entraremos más en detalle y, en un intento de elaborar una especie de diccionario gestual, se listarán un buen número de los gestos y posturas posibles que se pueden adoptar con cada parte del cuerpo y se explicarán sus significados más probables.

De esta manera pretendo facilitar posteriores consultas puntuales que se quieran realizar una vez terminado de leer el libro, que sin duda servirán para resolver dudas, proporcionar orientación o confirmar interpretaciones.

FIABILIDAD DEL LENGUAJE CORPORAL

«Todos los órganos humanos se cansan alguna vez,
salvo la lengua».
Konrad Adenauer (1876-1967).
Político alemán.

Si las personas siempre dijéramos con nuestras palabras lo que pensamos y lo que sentimos, no sería necesario preguntarse por la fiabilidad del lenguaje corporal.

Sin embargo, las personas, cuando hablamos, no siempre decimos lo que verdaderamente pensamos o lo que sentimos, pero no solo porque recurramos a la mentira, al engaño o porque desconfiemos de los demás. Muchas veces no tiene sentido desvelar más información que la que se dice verbalmente (por ejemplo, ¿por qué le vamos a decir a una persona a la que nos paramos a saludar un momento en la calle que ese día estamos preocupados por un asunto personal?).

La palabra, a pesar de su inmenso poder comunicativo y riqueza, puede, en ocasiones y por diversos motivos, tener ciertas limitaciones a la hora de comunicar información. Es por eso que se hace necesario conocer también las claves del lenguaje corporal si se quiere tener un mejor dominio y comprensión de lo que comunican las personas.

El lenguaje corporal es fiable. Como norma general, lo que comuniquemos con nuestro cuerpo va a ser más representativo de lo que verdaderamente pensamos y sentimos, principalmente porque la gran mayoría de las personas centra toda su atención en lo que comunican con las palabras, descuidando lo que sus cuerpos expresan. Pero el lenguaje corporal revelará información más básica, más limitada que la del lenguaje verbal.

Mientras que hablando podemos elaborar complejos argumentos e ideas, con el lenguaje corporal nuestros mensajes son más simples, aunque más verdaderos y esenciales. Lo que comuniquemos con el cuerpo será un reflejo de actitudes y sentimientos básicos, que expresarán cuál es nuestro estado de ánimo y nuestra actitud principal hacia una determinada situación. Gusto, disgusto, incomodidad, tensión, miedo, satisfacción, reflexión o deseo son el tipo de mensajes, simples pero esenciales, que sobre sus actitudes y emociones transmiten las personas con su lenguaje corporal.

De esta manera, con una mirada podemos transmitir ganas de establecer una conversación en caso de que buscamos contacto ocular con otra persona, aburrimiento o hastío si desviamos los ojos hacia arriba o desinterés si los desviamos hacia un lado mientras alguien nos habla. La postura que adoptemos con nuestro cuerpo puede denotar implicación si nos inclinamos hacia quien nos habla; de la misma forma, podemos comunicar prisa por terminar una conversación si orientamos el cuerpo en una dirección distinta a donde se encuentra nuestro interlocutor. Todos estos son mensajes que tienen una alta probabilidad de ser fiables, en el sentido de que trasmiten información verdadera, pero son básicos en el sentido de que transmiten información que no es tan elaborada y compleja como puede llegar a ser la que se transmite con el lenguaje verbal.

Por supuesto que también con el cuerpo se puede engañar, ocultar o distorsionar la información que se comunica, pero incluso ese tipo de intención está sujeta a una serie de límites o condicionantes, que si los conocemos nos ayudarán a establecer en qué situaciones y hasta qué punto la comunicación no verbal puede ser fiable.

Manejo personal

En primer lugar, para saber hasta qué punto podemos fiarnos de la información no verbal debemos tener en cuenta cuál es el manejo que tenemos las personas sobre nuestro lenguaje corporal. Como hemos dicho ya, la gran mayoría de las personas centra toda su atención y sus esfuerzos (sean para ser comunicar información verdadera o falsa) en el lenguaje verbal. Quien quiera ser sincero, tratará de dar explicaciones verbales muy claras para resultar convincente, y de la misma manera quien no quiera revelar información o no quiera darla toda, también centrará la mayoría de sus esfuerzos en utilizar las palabras para ocultar o mentir, descuidando lo que comunica con su cuerpo.

Así que este es el primer factor que debemos tener en cuenta para darle fiabilidad a la información que comunica el lenguaje corporal: normalmente es más inconsciente y más involuntaria, y por lo tanto reflejará mejor los verdaderos pensamientos y sentimientos de las personas.

Tiempo

El segundo factor para establecer la fiabilidad del lenguaje corporal es el tiempo. Abraham Lincoln, el que fuera decimosexto presidente estadounidense, dijo que *«puedes engañar a todo el mundo algún tiempo; puedes engañar a algunos todo el tiempo; pero no puedes engañar a todo el mundo todo el tiempo»*, y esto es especialmente verdadero en el caso del lenguaje corporal. Si se espera el tiempo suficiente, a menudo aparecerá un gesto, por mínimo que sea, que delatará a quien intente ocultar pensamientos y emociones con su lenguaje corporal.

Si bien alguien puede ocultar información sobre lo que piensa o lo que siente con su lenguaje corporal o transmitir información «falsa» sobre sí mismo, lo normal es que solo sea capaz de hacerlo de forma puntual, sin que el engaño se prolongue en el tiempo. Aclarémoslo un poco más con un sencillo ejemplo.

Imaginémonos a dos personas que han tenido una relación estrecha (de amistad o incluso sentimental) que se ha roto. La relación se ha deteriorado hasta el punto de que no se saludan si se encuentran ocasionalmente por la calle (una de esas situaciones desgraciadas que en la vida real se da mucho más de lo que las películas y los libros nos cuentan). Sigamos imaginando y pensemos que ambas se encuentran, cada una con sus respectivos grupos de amigos, en un acto social, como una fiesta o una reunión de algún tipo.

Si nosotros fuéramos unos observadores imparciales, es muy posible que comprobáramos que su lenguaje corporal transmite información falsa sobre sus verdaderos sentimientos. Observaríamos que no hay contacto visual entre las dos, que orientan sus cuerpos en la dirección contraria a donde se encuentra cada una (se dan la espalda) y que ningún gesto revela que esas dos personas se conocen y han tenido una relación. Nos engañarían, si no fuera porque entra en juego el factor tiempo.

Si ambas personas pasan el tiempo suficiente en ese lugar, no resultaría extraño observar cómo en algún momento alguna de ellas lanza una mirada fugaz en dirección a la otra, o cómo, cuando una mantiene una conversación con otra persona, su mirada se aparta mostrando desinterés o se mantiene demasiado fija en la de su interlocutor, mostrando un interés excesivo. Tampoco resultaría raro comprobar que si una de ellas se queda sola, baja la mirada hacia el suelo para evitar encontrarse con la mirada de la otra persona. Y qué decir tiene si pudiéramos acercarnos lo suficiente y observar la reacción de las pupilas de ambas cuando se dieron cuenta de que la otra persona estaba en el local (la dilatación pupilar a menudo es un reflejo de emociones como la sorpresa). También podríamos deducir información sobre sus estados interiores fijándonos en qué posturas adoptan, hacia dónde orientan sus cuerpos, en qué lugar del local se coloca cada una…

Sirva este sencillo ejemplo para transmitir la idea de que el lenguaje corporal, aunque también se utiliza para disimular, engañar y mentir, es fiable en la medida en que no puede engañar *todo* el tiempo. Si sabemos observar adecuadamente, tarde o temprano un gesto fugaz sobre el que una persona relaje el control puede revelarnos la verdadera esencia de lo que alguien piensa o siente.

Parte del cuerpo

El tercer factor que nos dará una medida de la fiabilidad del lenguaje corporal es la parte del cuerpo en la que nos fijemos.

A pesar de que las personas ponemos más énfasis y atención en comunicar verbalmente, también destinamos cierto grado de esfuerzo a comunicar no verbalmente. Pero esto lo hacemos en mayor medida, y a veces casi exclusivamente, con unas partes del cuerpo antes que con otras.

Cualquier persona pondrá mucha más atención en lo que transmite con su mirada que en lo que transmite con la orientación de su cuerpo o lo que hace con las manos. Y a la vez pondrá más cuidado en lo que comunica con la parte superior de su cuerpo que en lo que transmite con sus piernas o pies. Es decir, que hay grados de fiabilidad en lo que expresan las distintas partes del cuerpo, y está fiabilidad va en función de la atención que le destinen las personas.

Sea por razones biológicas, sociales o culturales, las personas somos más conscientes de lo que transmitimos con unas partes del cuerpo antes que con otras. Ordenando las partes del cuerpo según el control que tenemos sobre lo que comunicamos con ellas, podemos establecer el siguiente ranking, en el que en los primeros lugares se encuentran las partes del cuerpo sobre las que habitualmente se ejerce más control o intención a la hora de comunicar no verbalmente:

1.- Ojos.
2.- Boca.
3.- Cara.
4.- Brazos y manos.
5.- Tronco.
6.- Piernas.

Tal y como se desprende de esta informal clasificación, las personas ejercemos mayor control, o somos más conscientes de lo que expresamos, con las partes del cuerpo que se encuentran *más arriba*, entendiendo este más arriba como las que más cerca están de nuestro ojos. Tal vez se deba a que los ojos constituyen la principal referencia con la que percibimos el mundo, o a que están más cerca de nuestro cerebro (que es al fin y al cabo el «centro de operaciones» desde el que se procesa la información y se mandan órdenes a todo el cuerpo). O incluso tal vez sea porque damos por hecho que los demás prestarán más atención a lo que se encuentra a la altura de su línea visual, y que por lo tanto prestarán más atención a nuestra cara que a nuestros pies.

Sea cual sea el motivo, lo cierto es que generalmente prestamos más atención a lo que «decimos» con nuestros ojos o con las expresiones faciales que a lo que expresamos con las manos, las piernas o con nuestra postura corporal. Tomando como referencia la cabeza, a medida que descendemos por el cuerpo humano aumenta la probabilidad de que la información que transmita una determinada parte del cuerpo sea más fiable, porque la persona ejerce menos control comunicativo sobre ella y le presta menos atención como para «obligarla» a disimular.

Intencionalidad

Por último, el cuarto factor que hay que valorar para darle fiabilidad al lenguaje corporal es la intención que tenga una persona al comunicar algo, y esta intención se refiere a si sabe o no que está siendo observada.

En la medida en la que una persona que quiera ocultar lo que piensa o lo que siente sepa que está siendo observada, tratará de tener más control sobre su lenguaje corporal, para no revelar la información que no quiere dar.

Pero este «ser observada» no se refiere a que una persona se dé cuenta de que estamos mirándola desde una esquina, aguzando nuestra mirada para detectar el más leve gesto que delate información secreta y confidencial. No, no es necesario ponerse tan dramáticos. Se trata de un motivo tan sencillo como que durante una conversación, cualquier persona, al saber que está en presencia de otra, tratará de no sacar a la luz comportamientos que expresen estados de ánimo o pensamientos que no tienen relación con la situación o que no desea que se sepan.

Por ejemplo, en una empresa, si una persona mantiene una conversación de trabajo con otra que tiene un puesto jerárquico superior tratará de no revelar sus sentimientos personales hacia esa otra persona (no mostrar si le cae bien o mal) o no expresar que esa mañana está preocupada por un tema personal.

Así que junto con el manejo personal, el tiempo y la intencionalidad, el cuarto y último factor que debemos tener en cuenta para establecer la fiabilidad del lenguaje corporal es la intencionalidad que tenga una persona al saber si está siendo observada o no. Si sabe que está siendo observada, habrá más probabilidades de que sus mensajes corporales tengan alguna intención, por lo que intentará tener más control sobre lo que expresa con su cuerpo. Si cree, o se olvida, que nadie le presta atención, relajará su autocontrol y es más probable que lo que haga sea una expresión de lo que realmente piensa y siente.

ZONA SUPERIOR DEL CUERPO: CABEZA Y CUELLO

«Sírvete de lo aparente como indicio de lo inaparente».
Solón de Atenas (640 a. de C.-558 a. de C.).
Legislador griego.

De la zona superior del cuerpo destaca, por su enorme poder comunicativo, la cara. Las expresiones que podemos formar con los distintos componentes de la cara son innumerables y posiblemente comunican la información no verbal más rica y compleja de todo el lenguaje corporal. Los ojos, a través de la mirada (e incluso por indicadores biológicos como la dilatación de la pupila) o la boca, a través de la sonrisa, son elementos de gran poder comunicativo.

La cara es la parte del cuerpo a la que más atención se presta, tanto al observar como al comunicar no verbalmente. Pero a pesar de su importancia, no dejaremos de dar unas breves notas sobre otros componentes que, aunque tienen un menor número de posibilidades comunicativas, no por eso dejan de jugar un papel importante en los mensajes que se trasmiten a través del lenguaje corporal, como puede ser el caso de la frente, las cejas, el cuello o incluso las orejas.

CARA

«La cara es el espejo del alma». Quien quiera que haya sido quien dijo esta frase por primera vez tenía, sin duda alguna, unos buenos conocimientos sobre lenguaje corporal.

La cara es, sin lugar a dudas, el principal comunicador corporal que utilizamos a la hora de expresar actitudes y emociones. Tanto en su conjunto (las expresiones faciales) como por el poder comunicativo de dos de sus componentes (ojos y boca) es el principal medio del que nos valemos las personas para transmitir información no verbal.

Este gran poder comunicativo del rostro humano hace que sea al que más atención prestamos tanto para comunicar como para percibir información no verbal en los demás, y que sea también sobre el que más control ejercemos. Además de reflejar nuestros estados interiores, la cara es la parte del cuerpo con la que más habitualmente trataremos de disimular nuestros verdaderos pensamientos y sentimientos y la que más utilizaremos a la hora de comunicar intenciones y emociones que no nos atrevemos a decir con palabras, como ocurre con el caso del deseo, la atención, la repulsión o el desprecio, o que no tenemos la oportunidad de decir hablando.

Por lo general las expresiones faciales duran poco tiempo. Es raro que alguien mantenga de forma prolongada una expresión o un gesto que hace con la cara, a menos que quiera comunicar algo de forma muy evidente.

Por otro lado, como somos conscientes de los movimientos de los músculos de la cara, es a ella a la que dirigiremos más esfuerzos para expresar u ocultar nuestras emociones y pensamientos. Por eso, la información que obtendremos sobre las expresiones faciales de una persona será más fiable cuanto menos consciente sea de que está siendo observada.

A la hora de interpretar las expresiones faciales se suele dividir el rostro humano en tres zonas:

1.- Una zona superior, en la que se encuentran la frente y las cejas.
2.- Una zona intermedia, en la que están los ojos, los párpados y la nariz.
3.- Una zona inferior, que comprende los labios, las mejillas y la barbilla.

Para saber interpretar lo que una persona «dice» con las expresiones de su rostro debemos fijarnos en los gestos que adopta en cada una de esas tres zonas. En la medida en que la impresión que nos transmita cada zona sea la misma, más probabilidad habrá de que nuestra valoración de sus actitudes sea la correcta. Por el contrario, en la medida en que una zona contradiga a las otras, más probabilidad existirá de que la persona esté ocultando su verdadera actitud hacia nosotros o hacia una situación (por ejemplo, alguien que nos sonríe con la boca pero que no nos mira a los ojos cuando hablamos es posible que no se esté alegrando de vernos, sea porque tiene prisa, porque desea estar en otro lugar o con otra persona, o porque no le caemos bien).

A continuación vamos a ver, por separado, cada una de las tres zonas del rostro y los significados más habituales que se pueden transmitir con cada uno de sus componentes.

ZONA SUPERIOR DE LA CARA: FRENTE Y CEJAS

«Mientras le seguía, llevaba yo la frente como aquel a quien abruman los pensamientos, que de sí mismo hace un arco de puente».
La Divina Comedia.
Dante Alighieri (1265-1321).
Escritor y filósofo italiano.

La zona superior de la cara comprende la frente y las cejas. Se podrían incluir también a los ojos, pero su poder comunicativo es tan grande y de tanta importancia, que es más adecuado incluirlos en una zona propia. Además, las cejas y la frente casi siempre comunicarán la misma información, mientras que los ojos pueden comunicar información independientemente de frente y cejas (por ejemplo, una mirada de desprecio no necesita de la colaboración de la frente o las cejas, que pueden estar en la misma posición que en el caso de una mirada con la que se pretenda comunicar seriedad).

Básicamente, la información que transmiten la frente y las cejas será sobre estabilidad o inestabilidad emocional. Por supuesto, dentro de cada una hay muchas variaciones posibles, pero solo teniendo claro está distinción ya estaremos en mejor disposición de interpretar adecuadamente los gestos de la zona superior de la cara.

Con la frente y las cejas se pueden adoptar tres posturas básicas:

1.- Frente arrugada y cejas levantadas en arco. Fundamentalmente expresarán emociones basadas en la sorpresa, tanto de carácter positivo como negativo, como en el caso de la alegría o el miedo.

2.- Frente arrugada y cejas levantadas oblicuamente. Trasmitirán sensaciones basadas en la falta de comprensión y entendimiento, como la incredulidad, la angustia y la incomprensión. También expresan tristeza.

3.- Frente lisa y cejas normales. En esa posición expresarán neutralidad emocional o seriedad.

4.- Frente arrugada y cejas fruncidas. Mediante esta combinación principalmente transmitirán emociones negativas como la ira, la tristeza o el enfado.

La regla general será que la zona superior del rostro *hacia arriba* significará estados basados en la sorpresa, que pueden ser estados tanto positivos como negativos, *hacia abajo* expresará emociones negativas, y por último en estado de *normalidad* transmitirá sensaciones de neutralidad o ausencia de intensidad emocional.

Hay personas que pueden mover independientemente una ceja de otra (siempre he creído que la mayoría, pero como alguna que otra vez me he encontrado personas que no eran capaces, no me atrevo a afirmarlo rotundamente). En este caso, normalmente el gesto de levantar una ceja y no la otra será una combinación de emociones o actitudes positivas y negativas, como en el caso de la sospecha, la incredulidad o incluso cierta actitud presuntuosa con la intención de trasmitir superioridad o parecer interesante y atractivo, tanto física como intelectualmente.

ZONA INTERMEDIA DE LA CARA: OJOS, PÁRPADOS Y NARIZ

> «Quien no comprende una mirada tampoco comprenderá una larga explicación».
> Proverbio árabe.

La zona intermedia de la cara está compuesta por los ojos, los párpados y la nariz. De estos tres elementos destacan por su enorme poder comunicativo, eclipsando completamente a los otros dos, los ojos.

OJOS

Hablar de la comunicación no verbal de los ojos es hablar, por supuesto, de la mirada. Muy probablemente la mirada es el elemento más importante tanto a la hora de comunicar como a la hora de interpretar la comunicación corporal de los demás. Las personas «decimos» mucho con nuestros ojos: señalamos cuál es el foco de nuestra atención y expresamos nuestras intenciones y, por lo tanto, el significado de lo que queremos decir, de lo que pensamos o de lo que sentimos.

Saber «comprender una mirada», como dice el proverbio que encabeza este apartado, supone saber reconocer y analizar los componentes que la forman. Estos componentes son cuatro:

1. La dirección.
2. La duración.
3. La frecuencia.
4. La dilatación de las pupilas.

Dirección de la mirada

La dirección de la mirada señala el lugar hacia donde la dirigimos. Puede ser hacia un objeto, hacia una situación o hacia otra persona, en cuyo caso hablaremos de *contacto ocular* (el contacto ocular es el encuentro entre las miradas de dos personas).

Podemos mirar también a una persona pero fijándonos en otras partes del cuerpo que no sean los ojos, por supuesto. En ese caso se aplicarán las mismas reglas que cuando dirigimos la mirada hacia un objeto o situación.

La dirección de la mirada expresa básicamente una cosa: hacia donde se dirige la atención. El lugar hacia el que dirigimos la mirada revela qué es lo que nos llama la atención, y por lo tanto despierta nuestro interés o nuestro deseo.

Y si la dirección de la mirada desvela el objeto de nuestra atención, su retirada puede interpretarse como lo contrario, esto es pérdida de deseo o ausencia de interés.

Cuando se trata de contacto ocular entre dos personas, la atención se debe traducir por deseo de comunicarse. Para analizar el contacto ocular entre dos personas es importante tener en cuenta que las personas miran más a los ojos de otra cuando no están hablando, es decir que alguien nos mirará más a los ojos cuando nos está escuchando que cuando nos está hablando (es normal que cuando se habla se desvíe la mirada, porque se está centrando la atención en los propios pensamientos, necesarios para pensar lo que se va a decir).

Los principales significados de la dirección de la mirada hacia otra persona, hacia objetos o hacia situaciones serán los siguientes:

- **Contacto.** Deseo, interés, ganas de comunicarse.

- **Retirada momentánea.** Pausa comunicativa normal, distracción, nerviosismo, incomodidad, timidez, vergüenza, sumisión.

- **Retirada definitiva.** Ausencia de deseo o interés, rechazo de la comunicación.

Como normas generales, para el caso de objetos y situaciones la dirección de la mirada debe interpretarse como la manera de averiguar qué es lo que interesa a alguien. En el caso de contacto ocular entre dos personas, se debe interpretar como algo positivo, porque revela interés en comunicarse. La retirada definitiva del contacto ocular se debe interpretar como información negativa porque refleja ausencia de interés.

Duración de la mirada

La duración de una mirada revelará el grado de deseo o interés en algo o alguien, ya que expresará el nivel de atención que ese algo o alguien tiene para quien dirige esa mirada.

A mayor duración de una mirada, más interés (y deseo comunicativo en el caso de contacto ocular). Por el contrario, a menor duración de una mirada, se deben deducir menos ganas de establecer una comunicación o menos interés que genera el objeto o persona al que se mira.

En el caso de miradas entre personas, la duración normal que suelen tener los contactos oculares es de unos pocos segundos (entre 3 y 5 segundos aproximadamente). En un intercambio de miradas lo normal es que se intercalen, entre esos segundos de contacto ocular, otros en los que se aparta la mirada y se dirige hacia otra parte de la cara o de la zona superior del cuerpo del interlocutor. También se puede desviar brevemente hacia otro lugar que esté dentro del campo visual.

La duración media de las miradas entre personas probablemente se deba a una característica biológica innata en los seres humanos. Es posible que, biológicamente hablando, una mirada de mayor duración se asocie con el acecho de un depredador o intenciones agresivas, por lo que si una persona recibe una mirada de larga duración puede tender a sentir cierto grado de incomodidad o incluso sentirse asustada.

Cuando una mirada se dirige a un objeto o a una situación, esta duración de pocos segundos no será de aplicación, ya que las personas pueden perfectamente dirigir su mirada hacia un objeto o una situación sin apartarla durante bastante tiempo (lo que refuerza el argumento biológico de la duración media de segundos de las miradas entre personas).

Las reglas generales para interpretar la duración de las miradas serán:

- **Duración larga (mirada fija):**

  - *Entre personas:* deseo intenso de comunicar, agresividad, dominación, atracción.
  - *Para objetos o situaciones:* deseo o interés intenso.

- **Duración media:**

  - *Entre personas:* deseo normal de comunicar.
  - *Para objetos o situaciones:* interés normal.

- **Duración breve:**

  - *Entre personas:* ausencia de deseo de comunicar.
  - *Para objetos o situaciones:* ausencia de interés.

En resumen, tomando como referencia una duración media de 3-5 segundos para un cruce de miradas normal, a mayor o menor duración de ese tiempo deberemos interpretarla negativamente.

En el caso de objetos o situaciones, la regla será que a mayor duración, más interés.

Frecuencia de la mirada

La frecuencia con la que una persona dirija su mirada hacia otra persona será un reflejo del deseo de establecer comunicación o implicarse en una comunicación que ya se está dando.

En el caso de que la mirada se dirija a un objeto o situación, una mayor frecuencia se debe interpretar como un mayor interés porque se trata de dirigir más cantidad de atención.

La frecuencia de una mirada debe valorarse siempre junto con su duración, ya que la complementa. Así, una mirada de duración breve pero que se repita en un intervalo corto de tiempo significará interés. Se puede decir que la frecuencia añade puntos comunicativos a la valoración que podamos hacer de la duración de una mirada: a mayor frecuencia, más interés.

– **Mayor frecuencia:** mayor interés.

– **Menor frecuencia:** menor interés.

Dilatación de las pupilas

Las pupilas, como todo el mundo sabe, reaccionan ante la luz. A mayor cantidad de luz, las pupilas se contraen, haciéndose más pequeñas (miosis), y a menor cantidad de luz se dilatan, haciéndose más grandes (midriasis). Si en estado normal el diámetro de una pupila humana varía entre los 3 y 4 milímetros aproximadamente, en caso de dilatación puede llegar a los 8 ó 9 milímetros.

Lo que hace valiosas a las pupilas para la comunicación no verbal es que no solo reaccionan dilatándose o contrayéndose ante la cantidad de luz, sino que también modifican su tamaño en función del estado emocional de la persona.

La dilatación de las pupilas está controlada por el sistema nervioso, así que aquellos estímulos que afecten al sistema nervioso, provocando la aparición de emociones, también producirán cambios en el tamaño de las pupilas.

Aunque no siempre tendremos la oportunidad de fijarnos tanto en alguien, ya que es necesario prestar una atención especial y estar a una distancia muy cercana, sin duda en algunas ocasiones sí que tendremos oportunidad de fijarnos en cómo reaccionan las pupilas de alguien en una interacción con nosotros o ante una determinada situación.

La dilatación o aumento de tamaño de las pupilas (midriasis) significará que se están sintiendo emociones positivas. Sin embargo, debemos tener cuidado porque la reacción contraria, la contracción o miosis, no tiene por qué significar emociones negativas. Mi consejo es que se valore solo el aumento de tamaño, la dilatación, como elemento que aporta información no verbal.

- **Dilatación de las pupilas.** Expresará atención, interés, deseo, motivación, gusto, placer o excitación.

No se puede controlar a voluntad la dilatación pupilar, por lo que como indicador del estado emocional tiene una fiabilidad muy alta, de la misma manera que la tienen otros indicadores biológicos como el ritmo cardíaco o el calor corporal.

Las lágrimas

Hay un último tipo de información que se transmite a través de los ojos (aunque también pueden entrar en juego otras partes de la cara, como las mejillas o las cejas), y que no tiene que ver con la mirada. Es el mensaje que se envía al llorar, esa acción tan humana que expresa tanto dolor físico como psicológico, que es rápidamente reconocida y entendida por cualquier persona y que se expresa mediante las lágrimas.

Las lágrimas expresan emociones y estados negativos, aunque en ocasiones se puede llegar a llorar de alegría. Veamos su clasificación más básica:

- **Lágrimas de tristeza.** Con este tipo de lágrimas se llora como expresión de un estado interior de tristeza o pena.

- **Lágrimas de dolor.** Este tipo de lágrimas expresan sufrimiento físico o psicológico.

- **Lágrimas de alegría.** Esta clase de lágrimas son positivas, porque transmiten una alegría sincera, espontánea y súbita, que no se puede contener y que provoca una alteración emocional inesperada que acaba desembocando en lágrimas.

PÁRPADOS

Los párpados protegen al ojo, tanto frente a elementos externos, actuando a modo de pantalla, como al mantenerlo húmedo mediante las secreciones lagrimales. Pero más allá de esta función natural, el parpadeo también se utiliza para comunicar información no verbal.

La frecuencia y la forma en la que se parpadea transmiten información sobre las personas. Sus significados más habituales son:

— **Parpadeo acelerado.** Un parpadeo anormal (varias veces en muy poco tiempo) expresará estados de sorpresa (positiva o negativa), toma de conciencia repentina (darse cuenta de algo) o agitación interior súbita (nerviosismo).

— **Bajar los párpados (cerrar los ojos).** Este gesto es indicativo de querer centrarse en pensamientos o sensaciones interiores, como reflexionar, calcular o recordar. Puede significar también fatiga psicológica o cansancio físico.

— **Ausencia de parpadeo.** No parpadear momentáneamente comunica un excesivo interés (real o fingido), atención o gran sorpresa.

NARIZ

La nariz, al no tener una gran movilidad, no parece que pueda expresar gran cosa sobre el estado interior de una persona. Sin embargo, si bien hay que reconocer que carece del poder comunicativo de otros elementos mucho más potentes como es el caso de la mirada, no hay que subestimarla hasta el extremo de pensar que de su observación no se puede extraer información sobre lo que comunica una persona.

Más que por su movilidad (que tiene en cierto grado), la nariz tiene valor comunicativo porque sirve para tomar y expulsar aire y porque es una de las zonas de la cara que habitualmente nos tocamos cuando expresamos pensamientos o estados de ánimo con las manos.

Es por esto que algunas de las informaciones que podemos deducir de la observación de la nariz, y de cómo una persona interactúa con ella, son:

- **Aspirar aire profundamente.** Expresa un estado de ánimo relajado, alegría, sosiego, estabilidad emocional o intención de mantenerse estable emocionalmente (coger aire para evitar enfadarse).

- **Expulsar aire con fuerza.** Esta acción comunica estados como enfado, impaciencia o inestabilidad emocional (por supuesto será también parte de estados de ánimo positivos en los que antes se haya aspirado profundamente).

- **Nariz fruncida.** Cuando fruncimos el ceño (entrecejo) por enfado también se puede fruncir la nariz, así que una nariz fruncida expresará enfado, concentración o preocupación.

- **Nariz con aletas abiertas o dilatadas.** Este gesto suele ir asociado a emociones positivas, porque las aletas se dilatan al tomar aire profundamente o por causa del estiramiento de la boca en una sonrisa.

- **Tocarse o rascarse la nariz.** Tocarse o rascarse la nariz con una mano puede significar nerviosismo, dudas, inseguridad, reflexión, concentración o incluso, como veremos más adelante, puede tratarse de un gesto que delate que se está contando una mentira.

ZONA INFERIOR DE LA CARA: LABIOS, MEJILLAS Y BARBILLA

«Aquel cuya sonrisa le embellece es bueno; aquel cuya sonrisa le desfigura es malo».
Proverbio húngaro.

Si la zona intermedia de la cara tiene en los ojos a su gran protagonista, la zona inferior tiene como elemento central a la boca.

LABIOS

A la hora de comunicar, los labios son, tanto para la comunicación verbal como para la no verbal, de gran importancia.

Con los labios se pueden adoptar tres tipos de gestos principales, cada uno de los cuales trasmitirá un determinado tipo de información no verbal.

- **Labios curvados hacia arriba.** En esta posición, los labios trasmiten fundamentalmente información sobre pensamientos y emociones positivos, como pueden ser estados de felicidad, alegría, satisfacción, gusto o placer. Este gesto es, por supuesto, universalmente conocido como la sonrisa.

- **Labios en posición normal.** Mediante esta posición los labios transmiten básicamente seriedad, normalidad o neutralidad.

- **Labios curvados hacia abajo.** Cuando se curvan hacia abajo, los labios comunican información sobre pensamientos y emociones de naturaleza negativa, como en el caso de tristeza, enfado, aflicción, amargura, rechazo o desprecio.

La sonrisa

La sonrisa es un gesto que tiene un carácter universal (es común a todos los seres humanos) y un enorme poder comunicativo, así que a continuación vamos a tratar sobre ella y sus múltiples significados.

Como hemos visto ya, muchos investigadores sostienen que el origen de la sonrisa se encuentra en la mueca que algunos primates adoptan para comunicar a otros sumisión o aceptación, y que su evolución biológica y social en los seres humanos ha acabado derivando en un gesto mediante el que buscamos comunicar conexión emocional a otras personas, sea para transmitirles empatía, alegría, satisfacción, compartir placer o hacerles saber que nuestras intenciones son pacíficas.

Generalmente la sonrisa se asocia con actitudes y estados de ánimo positivos, hasta el punto que se la considera el principal y más fiable modo de expresar estados positivos. Mediante la sonrisa los seres humanos podemos expresar una amplia gama de estados positivos, que van desde la alegría o la felicidad, pasando por el placer, la complacencia, la amabilidad o la satisfacción, hasta llegar al humor.

El tipo de sonrisa más conocido es la llamada «sonrisa de Duchenne» a la que se puede calificar como la sonrisa auténtica. La sonrisa de Duchenne es la que expresa, de forma natural y espontánea, un estado emocional positivo. Es la sonrisa que no se puede evitar tener, aquella que surge como reacción involuntaria, sobre la que no se ejerce ningún tipo de control y que expresa más genuinamente estados de alegría y felicidad.

El nombre de este tipo de sonrisa se debe a su descubridor, el médico francés Guillaume Duchenne (1806-1875), que centró buena parte de su labor profesional e investigadora en el estudio de las emociones y la forma que tenemos los seres humanos de expresarlas.

Otro tipo de sonrisas, aunque también comuniquen estados positivos, pueden tener una mayor voluntariedad e intencionalidad por parte de quien sonríe, de ahí que se considere a la sonrisa de Duchenne como la sonrisa auténtica.

Aunque la sonrisa tiene un significado esencialmente positivo, esto no quiere decir, como ocurre para cualquier otro gesto o postura, que no pueda tener muchos matices y otros significados posibles.

Así, además de para expresar alegría, se puede sonreír como mecanismo defensivo, sea con la intención de apaciguar a alguien que está enfadado o que tiene actitudes agresivas. También se puede sonreír de forma triste o de forma irónica (al fin y al cabo la ironía no es más que una forma de expresar una tristeza utilizando el sentido del humor).

El psicólogo Paul Ekman (2005), el gran estudioso de las emociones, los gestos y las expresiones faciales, estableció en sus investigaciones que los seres humanos utilizamos más de cincuenta tipos de sonrisas para comunicar nuestros estados interiores.

Estos son, esquemáticamente presentados, los significados de algunas de las sonrisas descubiertas por Ekman:

1.- **Sonrisa sincera o auténtica.** Es la sonrisa de Duchenne. Se usa para la expresión sincera, natural y espontánea de estados positivos como la alegría o la felicidad.

2.- **Sonrisa amortiguada.** Este tipo de sonrisa se utiliza para ocultar la verdadera intensidad de sentimientos positivos. Se sonríe, pero no todo lo que se haría si uno se dejara llevar por lo que verdaderamente siente.

3.- **Sonrisa falsa.** La sonrisa falsa busca engañar, transmitiendo estados positivos cuando en realidad no se sienten, o incluso se sienten los contrarios.

4.- **Sonrisa burlona.** Esta sonrisa se utiliza para expresar mofa, insolencia o burla.

5.- **Sonrisa de desdén.** Mediante este gesto se expresa rechazo o desprecio.

6.- **Sonrisa triste.** Expresa sentimientos negativos, si bien se le puede dar una cierta intención positiva porque es un gesto que refleja la intención de contener, sobrellevar o aceptar esos estados negativos.

7.- **Sonrisa sádica.** Indica disfrute frente a algún tipo de dolor, propio o ajeno. Por ejemplo, el sufrimiento físico que experimenta una persona al practicar algún tipo de deporte pero que a la vez siente satisfacción por ser capaz de superar sus límites. Esta sonrisa transmite cierta agresividad combinada con satisfacción.

8.- **Sonrisa conquistadora.** La sonrisa conquistadora es la que pretende conquistar a otra persona, transmitiéndole deseo o atracción.

9.- Sonrisa de turbación. Muestra que se siente pudor o vergüenza por saberse el centro de atención de una o varias personas.

10.- Sonrisa mitigadora. Sirve para amortiguar la intensidad de un mensaje que se comunica a otra persona o una situación que se comparte con ella y que se cree que puede resultarle impactante.

11.- Sonrisa de acatamiento. Es una sonrisa que expresa obediencia, aceptación o entendimiento de una información, instrucciones, órdenes o situaciones.

12.- Sonrisa de coordinador. Es un tipo de sonrisa que se hace con un gesto leve, con el que se pretende transmitir reconocimiento y comprensión.

13.- Sonrisa de interlocutor. Sirve para comunicar a quien transmite un mensaje que se le escucha y se le comprende.

14.- Sonrisa de disimulo. Pretende ocultar comportamientos, intenciones o estados interiores, enmascarándolos con una sonrisa que no es verdadera.

Existen pues muchos tipos de sonrisas. De forma general, la sonrisa se utilizará para expresar estados o emociones positivas, que sean reflejo de lo que se piensa o se siente, como forma de apaciguar a otras personas o para aceptar pensamientos que provocan sufrimiento, como en el caso de la ironía o cuando, para infundirse ánimos, se sonríe ante algo que causa tristeza o temor.

Pero esto no quiere decir que, debido a la innumerable variedad de la gesticulación humana, no haya casos o situaciones en los que la sonrisa pueda ser la expresión de estados o emociones negativos, como el caso de la sonrisa triste, la sonrisa de desdén o la sonrisa falsa.

Intensidad de la sonrisa

Un elemento que debemos tener en cuenta en la sonrisa (también en otros gestos, pero su significado se hace especialmente útil en este caso) es su intensidad.

La intensidad de la sonrisa se expresa por medio de su amplitud, por la medida en que se estiren los labios y los músculos que los rodean, afectando incluso a las mejillas, hasta el punto de que se pueden llegar a entrecerrar los ojos cuando se sonríe (como le ocurre al autor que les escribe).

Fijándonos en la intensidad de una sonrisa podremos saber cuál es la intensidad de las emociones que se expresan a través de ella. Incluso podremos darnos cuenta de cómo, en ocasiones, las personas contienen o magnifican deliberadamente esa intensidad, tratando de reducir o aumentar intencionadamente la amplitud de la sonrisa (como en el caso de la sonrisa mitigadora o la sonrisa falsa), algo que se notará en la tensión de los músculos de la cara que se utilizan para sonreír. En esas ocasiones, la persona a la que observemos estará comunicando, sin ella saberlo, fingimiento, contención u ocultación de la verdadera medida de sus emociones.

MEJILLAS

Las mejillas nos servirán para calibrar la intensidad de una sonrisa, y saber hasta qué punto se trata de una sonrisa verdadera (sonrisa de Duchenne) o una sonrisa sobre la que la persona ejerce un mayor control, bien sea porque tiene alguna intención o porque la intensidad de su estado emocional no es muy grande.

Pero esta no es la única información que se puede extraer de la observación de las mejillas. Al igual que los labios, las mejillas y los pómulos indicarán estados positivos si se mueven hacia arriba cuando se adopta un gesto y estados negativos si se mueven hacia abajo.

Además, debemos tener en cuenta que las mejillas son una de las partes de la cara que sufre cambios biológicos apreciables a simple vista, cambios que son inevitables y que por lo tanto son señal inequívoca de estados interiores, como es el caso del rubor cuando se siente vergüenza, pudor o algún tipo de agitación interior.

- **Mejillas y pómulos hacia arriba.** Significarán sonrisa, y por lo tanto alegría, felicidad, humor y emociones positivas. También expresarán sorpresa o alteración emocional.

- **Mejillas y pómulos en estado normal.** Trasmiten estados de seriedad o neutralidad.

- **Mejillas y pómulos hundidos o desplazados hacia abajo.** De ellos se puede deducir la expresión de estados negativos, como tristeza, ensimismamiento, cansancio o desgaste físico.

- **Mejillas ruborizadas.** El rubor es un cambio biológico que hace que el rostro (principalmente las mejillas) adquiera un color encarnado o rojizo. Ruborizarse es sinónimo de que se siente vergüenza, pudor, azoramiento, timidez, agitación o apuro. Sin embargo, para evitar interpretaciones equivocadas, debemos tener presente que existe cierta clase de rubor patológico, que provoca que algunas personas se ruboricen sin motivo alguno, por lo que en esos casos unas mejillas coloradas no serán representativas de que se esté sintiendo algún tipo de vergüenza o agitación nerviosa.

BARBILLA

Como ocurría con la nariz cuando hablábamos de la zona media de la cara, a primera vista puede parecer que la barbilla no comunica demasiada información no verbal.

Podemos decir que la barbilla tiene un solo movimiento: se puede alzar, subir o fruncir. Si no, estará en «estado normal». Que la barbilla se mueva o se altere hasta el punto de que llame nuestra atención normalmente se debe asociar con la expresión de actitudes y estados de ánimo negativos.

- **Barbilla fruncida o alzada.** Sirve como acompañamiento de estados de preocupación, tristeza, enfado, concentración extrema o dudas.

- **Barbilla temblorosa.** Comunica nerviosismo, agitación o tristeza cercana al llanto.

OTRAS ZONAS: CABEZA, CUELLO Y OREJAS

> «Si los seres humanos han nacido con dos ojos, dos orejas y una sola lengua es porque se debe escuchar y mirar dos veces antes de hablar».
> Marquesa de Sévigné (1626-1696).
> Escritora francesa.

CABEZA

La principal información no verbal que se puede transmitir con la cabeza es la de dirección. La cabeza acompaña al movimiento de los ojos hacia el lugar en donde se quiere centrar la atención.

Otros significados posibles para los movimientos de la cabeza los encontraremos cuando se combine con otras partes del cuerpo, como las manos, para adoptar gestos y posturas. Acciones como tocarse o rascarse la cabeza expresarán estados de ánimo como nerviosismo, impaciencia, cansancio, dudas o deseo de parecer atractivo.

- **Dirección de la cabeza.** Hacia donde se gire la cabeza será indicativo del lugar en el que se encuentra el interés o el objeto de atención de una persona.

  - *Girar la cabeza hacia un lado u otro.* Esto puede darse tanto en sentido positivo (girarla hacia a algo que llama la atención) como en sentido negativo (moverla en una dirección en la que no hay nada que llame especialmente la atención para disimular).

  - *Cabeza hacia abajo.* Este gesto señala que una persona ha llegado a un límite físico o psicológico, sea por cansancio, desistimiento, agotamiento, impaciencia o falta de comprensión. También puede expresar reflexión y concentración en pensamientos o sensaciones interiores.

  - *Cabeza hacia arriba.* Habitualmente este gesto expresará dignidad, seriedad, firmeza o resolución. Cuando el movimiento es muy amplio (mirar hacia el cielo) expresará impaciencia o un intento de mantenerse estable emocionalmente ante circunstancias desfavorables o estresantes.

- **Tocarse la cabeza.** Según la forma en la que una persona se toque la cabeza, podremos deducir el significado de lo que comunica.

  - *Rascarse o frotarse la cabeza.* Este gesto expresará dudas, incertidumbre o dificultad en entender un mensaje o una situación.

  - *Acicalarse o arreglarse el pelo.* Es un gesto que significa intención de infundirse seguridad en uno mismo, deseo de estar presentable, intención de agradar o coqueteo.

CUELLO

La norma que podemos aplicar para interpretar los movimientos o gestos que se hagan con el cuello es que básicamente expresarán un estado de tensión, aunque no siempre será en el sentido de nerviosismo, sino también en el sentido de tensión para prestar atención (al girar la cabeza). También podremos deducir significados de sus movimientos y de su combinación con las manos (tocarse el cuello). Así:

- **Músculos del cuello estirados.** Expresarán tensión por causa de estados de nerviosismo o ira, o por el deseo de centrar la atención en algo o alguien.

- **Movimiento del cuello.** El cuello sirve para mover la cabeza y por lo tanto señalará en qué dirección está el objeto de la atención.

- **Movimientos de tragar.** Los movimientos de tragar (sin estar comiendo) apreciables en el cuello denotan estados de nerviosismo o ansiedad ante una situación.

- **Tocarse el cuello con la/s mano/s.** Pasarse una o las dos manos por el cuello es un movimiento que expresa el deseo de relajarse y aliviar la tensión, el estrés o el cansancio psicológico que se está sintiendo.

OREJAS

Como último elemento de la zona superior hablaremos muy brevemente de las orejas.

Debido a su falta de movilidad (aunque hay algunas personas que las pueden mover, y sobre esto trataremos también), el principal valor comunicativo de las orejas viene cuando se combinan con otra parte del cuerpo, las manos.

De esta manera, tocarse las orejas con las manos expresará fundamentalmente un estado de nerviosismo, que puede ser de mayor o menor intensidad, y puede incluso revelar que una persona está mintiendo.

- **Acariciarse las orejas con las manos.** Denota algún tipo de nerviosismo, asociado a estados como ansiedad, inquietud, reflexión, dudas o a que se está ocultando información o mintiendo.

- **Usar la mano para orientar la oreja o a modo de amplificador.** Indica que se quiere centrar toda la atención en lo que se está escuchando.

En cuanto a las personas que son capaces de mover las orejas, normalmente este gesto, al ser intencionado, significará un intento de llamar la atención de otras personas, muy a menudo con la intención de resultar simpático o agradable.

También se pueden mover las orejas como resultado de alzar las cejas en arco y arrugar la frente al expresar la emoción de sorpresa

ZONA MEDIA DEL CUERPO: MANOS, BRAZOS Y TRONCO

«La multitud ha sido en todas las épocas de la historia arrastrada por gestos más que por ideas».
Gregorio Marañón (1887-1960).
Médico y escritor español.

En la zona media del cuerpo nos encontramos con un elemento de gran poder a la hora de comunicar, las manos. Lo que haga con las manos una persona a menudo revelará información muy fiable sobre su estado interior, tanto en lo que a sus actitudes se refiere como a su estado emocional.

Además de las manos, en esta zona del cuerpo tenemos también los brazos, que, aunque normalmente actúan como guías y complementos de las manos, por sí mismos también pueden tener un gran valor comunicativo, al realizar una serie de gestos que son muy representativos de los estados interiores de cualquier persona.

Por último está el tronco, que aunque tal vez tenga un poder comunicativo más limitado que sus compañeros de zona, en la medida en que sirve para adoptar posturas o en cuanto que es objeto de manipulaciones (tocarse el pecho o acariciarse el vientre) podrá resultarnos de utilidad para llegar a buenas y válidas conclusiones acerca de la información no verbal que una persona transmite.

MANOS

Probablemente las manos son, junto con la cara, la parte del cuerpo en la que la gran mayoría de las personas se fijan, de forma más o menos consciente, para obtener información no verbal.

Ciertamente, debido a su movilidad, al uso que les damos y a su capacidad para interactuar con otras partes del cuerpo (tocarse la cara, la nariz o el cuello) es mucha la información que se puede extraer de su observación.

Lo primero que podemos deducir a partir de lo que haga una persona con sus manos es si se encuentra en un estado de ánimo alterado o relajado. Esto lo podremos saber por el grado de tensión muscular que apreciemos en sus manos. Así:

- **Manos tensas (estiradas o cerradas).** Expresarán alteración emocional, como nerviosismo, ansiedad o crispación. En el caso de que las manos estén fuertemente cerradas, indicarán ira o intento de contención de la alteración emocional.

- **Manos relajadas (abiertas o semicerradas sin realizar esfuerzo muscular).** En este caso las manos transmitirán estados de estabilidad emocional, espera o neutralidad.

El segundo modo de obtener significado de las manos es fijarse en la interacción que se da entre ellas y otros objetos o personas.

- **Interacción entre ambas manos (sin apretar).** Cuando una persona se toca las manos, junta o cruza los dedos de cada una de ellas, normalmente es una señal de estados de ánimo positivos, como pueden ser reflexión, paciencia, acicalamiento, gusto o satisfacción.

- **Interacción entre ambas manos (con fuerza).** Una vez más la tensión muscular, en este caso la fuerza al apretar una mano contra la otra o al golpear ambas, expresará estados de ánimo alterados, como impaciencia, deseo urgente, súplica, frustración o intento de contener estados emocionales de ira o frustración.

- **Interacción con objetos.** Coger objetos con las manos es indicativo de que se quiere centrar la atención en ellos. Es un comportamiento muy reconocible en niños de corta edad, que para examinar un objeto lo cogen y lo manipulan.

- **Interacción con otras personas.** Cuando se trata de interacciones entre personas, las manos sirven para transmitir estados emocionales, que pueden ser positivos o negativos. En la parte positiva, el contacto con las manos se utiliza tanto a manera de saludo como para tranquilizar, manifestar cercanía, amistad o afecto. En el lado negativo, son el instrumento de la agresividad (contacto) o de la advertencia (acercamiento).

La tercera manera de interpretar significados a partir del uso que una persona hace de sus manos es fijándose en las partes del cuerpo con las que interactúan, tocándolas, frotándolas, apretándolas o rascándolas. Cada una de estas acciones lleva aparejado un significado no verbal, fácilmente deducible.

- **Rascarse.** Rascarse con una mano alguna parte de la cabeza o la cara habitualmente reflejará impaciencia, dudas, falta de comprensión de una situación o un estado de indecisión respecto a algo o alguien.

- **Acariciarse.** Si en lugar de rascarse una persona se acaricia la cabeza, la cara o el cuello, expresará un intento de infundirse ánimos, de reconocerse para ganar seguridad o estabilidad emocional. También puede denotar cansancio físico o psicológico.

- **Frotarse.** Frotarse alguna parte del cuerpo (piernas, brazos, cara) con la mano es expresión de emociones de cierta intensidad, como pueden ser nervios, impaciencia o cansancio extremo. En el caso de que lo que se frota sea una pierna, el nerviosismo irá ligado a impaciencia.

En todos estos casos, si en lugar de utilizar una mano se utilizan las dos, se añadirá más intensidad a la actitud o emoción que se exprese.

Lo mismo ocurrirá con la frecuencia: cuanto menos tarde en repetirse un movimiento en un período relativamente corto de tiempo, más representativo será de la intensidad del estado interior de la persona.

BRAZOS

Los brazos son los guías de las manos, por lo que el significado de su gestualidad irá casi siempre asociado al de estas.

Sin embargo hay algunas conclusiones no verbales que se pueden sacar de su orientación, y en algunos casos su significado puede ser independiente de la posición o los gestos que se adopten con las manos.

Fundamentalmente, los brazos expresarán un significado principal: acción o falta de acción.

- **Brazos caídos, pegados al cuerpo.** Reflejan falta de acción, actitud de espera, cansancio o relajación.

– **Brazos en movimiento.** Expresan acción, tanto de tipo exterior (coger o hacer algo) como interior (gesticular al hablar, complementando el discurso con gestos).

– **Brazos protegiendo la parte frontal del cuerpo.** Denotan una actitud defensiva o expectante. En esta posición son también señal de un estado de recogimiento interior o reflexión (sobre todo si el gesto va acompañado con una mirada hacia el suelo o hacia el cuerpo).

– **Brazos a la espalda (con manos cruzadas).** Con este gesto se expresa una actitud de tranquilidad, de disfrute de lo interior o de lo exterior. Significa también ausencia de actitudes o intenciones agresivas u hostiles. En general servirá para expresar franqueza, respeto o buenas intenciones.

TRONCO

El tronco nos dará información sobre una persona si nos fijamos en cuatro aspectos:

1.- La respiración.
2.- Su tensión muscular.
3.- Su orientación.
4.- Las manipulaciones.

La respiración, por medio de los movimientos del pecho, dará información sobre el estado anímico y físico de una persona. El tronco también transmitirá información sobre el estado de ánimo de una persona en función de su nivel de tensión muscular (Caballo, 1997: 47). Además, servirá para indicar, por medio de su orientación, el objeto de nuestra atención o la dirección hacia la que nos orientamos (y por lo tanto nuestro objetivo). Por último, tendrá valor comunicativo cuando las manos interactúen sobre él, tocándolo.

– **Respiración.** El pecho, con la frecuencia e intensidad de sus subidas y bajadas, transmite información sobre la cantidad de oxígeno que una persona necesita. Es por esto que fijarnos en cómo respira una persona, observando su pecho, nos comunicará información sobre ella.

- *Respiración acelerada.* Indica agitación, nerviosismo o ansiedad. También es sinónimo de activación física, malestar o esfuerzo físico.

- *Respiración pausada.* Es indicativa de estados de normalidad, relajación, tranquilidad, calma y seguridad.

- *Suspiros.* Un suspiro es una respiración rápida, una inspiración de aire a la que inmediatamente le sigue una espiración. El pecho sube y baja rápidamente una sola vez. Con un suspiro se expresan estados como alivio, fatiga, pena, deseo o un intento de mentalizarse o predisponerse psicológicamente para algo.

- **Tensión muscular en el tronco.** Expresará, según su mayor o menor intensidad, el estado anímico de una persona. A mayor tensión, más alteración interior y a menor tensión, menor alteración en el estado mental o anímico.

- **Orientación del tronco.** Indica cuál es el objeto de la atención de una persona. Siempre se orientará el tronco hacia lo que interesa, despierta el interés o hacia la dirección a la que alguien quiera dirigirse.

- **Manipulaciones del tronco.** Tocarse partes del tronco con las manos significará principalmente preocupación por uno mismo, sea por el estado físico o por el estado emocional. De esta manera:

  - *Apoyar una mano sobre el pecho.* Revelará un estado interior intenso, de carácter emocional, como sorpresa o disgusto. Este gesto se utiliza también para comunicar la intención de transmitir sinceridad cuando se habla o cuando se duda entre diferentes opciones (es una forma de buscar seguridad en el reconocimiento de uno mismo).

- *Tocarse el abdomen con la mano.* Es indicio de preocupación por el estado físico, sea exterior (forma física) como interior (molestias o dolores).

- *Tocarse la espalda (bajo la nuca).* Este movimiento es un gesto que comunica fatiga psicológica, cansancio físico o ganas de relajarse.

- *Tocarse la espalda (zona inferior).* Es una señal de que se experimenta algún tipo de dolor o molestias físicas en esa zona. También puede ser síntoma de cierto grado de preocupación por la edad.

ZONA INFERIOR DEL CUERPO: CADERAS, PIERNAS Y PIES

«Adoro el cuerpo. Porque la carne es honesta y los órganos no mienten».
John Keats (1795-1821).
Poeta inglés.

Aunque nos hagamos el propósito de prestar más atención al lenguaje corporal de una persona, casi siempre nos centraremos en las partes del cuerpo que están al nivel de nuestra vista, es decir en la cara, el tronco, los brazos y las manos. Esto es comprensible, porque cuando estamos mirando a una persona, también esa persona nos mira a nosotros, y es normal que no queramos que advierta que fijamos nuestra atención en sus piernas o sus pies. Si eso ocurriera, lo más probable es que ella dirigiera su atención hacia esas partes de su cuerpo y nos preguntara si hay algo raro en ellas. Además, mantener el contacto visual, como sabemos ya, es una manera de comunicar a la otra persona que le estamos prestando atención.

Sin embargo, si queremos interpretar eficazmente el lenguaje corporal también debemos dirigir nuestra atención a la parte inferior del cuerpo. Las caderas o lo que se haga con piernas y pies son valiosas fuentes de información que pueden servirnos para traducir eficazmente el significado de lo que verdaderamente está comunicando una persona.

Como señalé al principio del libro, la evaluación de zonas del cuerpo distintas de la cara se debe hacer, en caso de que estemos manteniendo una conversación, con rápidas y breves miradas, no consecutivas, para no despertar la atención de nuestro interlocutor, intercalándolas con las miradas normales hacia la cara con las que se comunica atención e interés. Cuando no seamos el centro de atención de nadie, al no estar manteniendo una conversación, sí podremos observar con más detenimiento la zona inferior del cuerpo de cualquier persona para saber qué está comunicando no verbalmente.

Las partes de la zona inferior del cuerpo son, además, partes sobre las que no se ejerce casi ningún control consciente a la hora de tratar de controlar el lenguaje corporal, por lo que expresarán información verdadera sobre actitudes y emociones.

CADERAS

Las caderas son la parte que separa la zona media de la zona inferior del cuerpo. Al hablar de caderas no nos referiremos solo a las caderas en sí, sino a las partes que se encuentran entre ellas, como los glúteos o la entrepierna (la zona genital).

Fijándonos en ellas podremos extraer información básica sobre la posición que adopta una persona (sentada o de pie), sobre su orientación (dirección) y también sobre su actitud (caderas ladeadas).

- **Posición de las caderas.** Nos da información general sobre la postura que adopta una persona (sentada, de pie o andando). Como veremos al hablar de las posturas, la posición transmite principalmente tendencia hacia la acción o la inacción.

- **Dirección de las caderas.** La zona de las caderas es la «bisagra» del cuerpo, por lo que fijándonos en su orientación sabremos la dirección que toma una persona, y por tanto hacia donde dirige su atención o donde se encuentra el objeto de su interés.

- **Caderas ladeadas.** Indican actitud de espera, sea física (espera por algo o alguien) o psicológica (se aguarda una explicación por parte de otra persona).

En la zona de las caderas se encuentra la entrepierna. Debido principalmente a razones culturales, esta zona se asocia con lo más íntimo de una persona, porque en ella se encuentran los órganos sexuales.

Básicamente, son dos tipos de significados los que se pueden deducir de la observación de cómo una persona interactúa (fundamentalmente con sus manos) con esta parte del cuerpo.

- **Actitud defensiva.** Debido al carácter íntimo y vulnerable de esta zona, su protección con las manos expresa actitud defensiva, sea contra una agresión física o psicológica (la posición fetal en la que una persona adopta la forma de un ovillo y se enrosca sobre sí misma, llevándose las manos a la zona genital en busca de calor). También puede indicar pudor o vergüenza, principalmente ante la ausencia de ropa y, por supuesto, todo lo contrario, desinhibición y falta de prejuicios en caso de que no se opte por taparla cuando se está desnudo.

- **Actitud sexual.** Al ser la zona en la que se encuentran los órganos sexuales, entre sus significados están, evidentemente, los ligados a mensajes de deseo e interacción sexual, pero estos se darán, en su expresión normal, en relaciones personales de intimidad.

PIERNAS

«El que se ve en una situación peligrosa piensa con las piernas».
Ambrose Bierce (1842-1914).
Escritor estadounidense.

Siguiendo nuestro recorrido por la parte inferior del cuerpo, el siguiente elemento que nos encontramos inmediatamente después de las caderas son las piernas.

La principal y más evidente aportación comunicativa de las piernas al lenguaje no verbal es que proporcionan información sobre la postura que se adopta en una interacción. Podemos obtener información de las piernas fijándonos en su orientación, postura (incluyendo la relación entre ellas) y movimiento.

- **Orientación de las piernas.** Las piernas orientan el paso, por lo que señalan la dirección hacia la que se dirige una persona y por lo tanto cuál es su objetivo al moverse.

- **Postura.** Las piernas forman parte de la postura que adopta una persona al sentarse o estar de pie. En ambos casos, su orientación y la relación entre ellas darán información sobre el estado interior de quien observemos:

  - *Piernas cruzadas.* Transmiten una actitud defensiva, al usarse como barreras para impedir el contacto con el cuerpo. A través de este gesto también se expresan estados intelectuales y anímicos positivos, como relajación, tranquilidad o expectación, además de sofisticación, modernidad o complejidad.

  - *Piernas no cruzadas.* Indican estados neutros o son expresión de seriedad, normalidad, sencillez o naturalidad.

- **Movimiento.** El movimiento de las piernas indica acción o deseo de acción. Así, en el caso de estar andando, indica acción, y en caso de moverlas mientras se está sentado, será para expresar nerviosismo o deseo de abandonar una situación.

PIES

«Nadie prueba la profundidad del río con ambos pies».
Proverbio.

Obviamente, sacaremos información de la observación de los pies de una persona cuando esta se encuentre de pie o sentada, ya que en otro caso los estará utilizando para caminar.

En la postura de estar de pie, debemos fijarnos en la posición de los pies uno respecto al otro.

- **Pies abiertos (formando entre ellos un ángulo de aproximadamente 45°).** En esta posición la punta de un pie se aleja de la del otro, a la vez que se acercan los talones. Es la posición normal que se adopta al estar de pie, por lo que transmite estados de normalidad, de espera o de neutralidad (en el sentido de que la información no verbal de esa zona no es relevante).

- **Pies semicerrados (ángulo inferior a 45°).** Es la posición mediante la que se acerca la punta de un pie a la del otro, a la vez que se alejan los talones. Este gesto reflejará actitudes defensivas como timidez, pudor, vergüenza o reconocimiento de ignorancia en un determinado terreno.

Si la persona a la que observamos está sentada, lo que debemos tener en cuenta son los gestos que adopta con los pies. La clase de información que obtendremos a través esos gestos será acerca del grado de tensión o relajación que siente una persona. Los gestos con los pies se harán cuando se tienen los pies colgando o cuando se tienen las piernas cruzadas.

- **Pie/s estirado/s (tensar y destensar).** Expresan estados como aburrimiento, nerviosismo, dudas o incertidumbre. También estados como relajación, jugueteo, deseo de llamar la atención o despertar el interés.

- **Pie/s en posición normal.** Definiremos esta «posición normal» como la que se adopta cuando los pies forman un ángulo de algo más de 90° respecto a la pierna. Este gesto transmite normalidad, tranquilidad, estabilidad emocional o ausencia de agitación interior.

POSTURAS

«Manejar el silencio es más difícil que manejar la palabra».
Georges Clemenceau (1841-1929).
Político y periodista francés.

En el lenguaje corporal debemos distinguir entre gestos y posturas. Los *gestos* son los movimientos que se realizan con una de las tres zonas del cuerpo (superior, media e inferior), o con algunos de los elementos que forman una o varias de esas zonas (cejas, manos y tronco, ojos y boca). Las posturas son las posiciones que se adoptan con todo el cuerpo, o al menos con la mayor parte de él.

Las *posturas* son importantes porque transmiten una impresión general sobre la actitud o el estado emocional de una persona hacia una determinada situación.

Muy a menudo en entrevistas de trabajo y procesos de selección, este es el tipo de comunicación no verbal que se aconseja cuidar, debido a que los entrevistadores (aparentemente) las tienen en consideración para hacerse una idea de la idoneidad de un candidato para un determinado puesto de trabajo.

Una vez más es necesario decir que quien pretenda sacar conclusiones conscientes y definitivas a partir de uno solo de los niveles de la comunicación humana corre el riesgo de que esas conclusiones sean equivocadas. Siempre se debe tener en cuenta toda la información que las personas transmiten en los distintos niveles comunicativos.

Dicho esto, no deja de ser cierto que las posturas, como parte importante del lenguaje del cuerpo, transmiten información sobre las personas que puede ayudarnos a establecer hipótesis que después podremos tratar de confirmar mediante otras vías.

Las posturas y sus posibles significados, al igual que ocurre con los gestos, son innumerables. Son tres los tipos principales de posturas que una persona puede adoptar (Caballo, 1997: 40):

1.- De pie
2.- Agachado, arrodillado o sentado.
3.- Echado o acostado.

De cada uno de estos tres tipos de postura podemos extraer un significado, aunque se trate de un significado a un nivel muy básico y general. De esta manera:

1.- **Estar de pie.** Expresará preparación para la acción, disposición o cierto grado de activación.

2.- **Estar agachado, arrodillado o sentado.** Cada una de estas posiciones transmitirá un significado esencial:

— *Sentado:* pasividad, inmovilismo.

— *Agachado:* pausa, necesidad de descanso.

— *Arrodillado:* petición, súplica, sumisión.

3.- **Estar echado.** Significará, a un nivel muy básico, inacción y ausencia de activación.

El psicólogo Albert Mehrabian (1968) estableció una sencilla clasificación de las posturas corporales que permite extraer significados un poco más complejos. Agrupó las posturas en cuatro tipos, que a su vez se pueden agrupar en dos pares, de forma que en cada pareja una expresará lo contrario que la otra.

– **Postura de acercamiento.** Esta postura se caracteriza por una inclinación hacia delante del cuerpo. Es una postura que se considera como positiva, ya que expresa atención e interés.

– **Postura de retirada.** Es la postura contraria a la de acercamiento, y se adopta cuando una persona aleja su cuerpo respecto a otra persona, aumentando la distancia entre ellas. El alejamiento se puede producir bien alejándose, bien echándose a un lado. Esta postura tiene un significado negativo, porque se utiliza para transmitir rechazo o repulsión e interrumpir o cortar la comunicación.

– **Postura de expansión.** Esta postura consiste en poner el tronco erecto, elevar los hombros y la cabeza e hinchar el pecho. Su significado básico es expresar una actitud de poder. Se puede traducir también como la intención de expresar orgullo, superioridad, desafío, dignidad, confianza o firmeza.

– **Postura de contracción.** Es la postura opuesta a la postura de expansión. Se caracteriza por cabeza baja, espalda encorvada, pecho hundido y brazos caídos. Transmite un estado negativo, una impresión de empequeñecimiento que se puede interpretar como actitud o ánimo deprimido, sentimiento de inferioridad, baja autoestima, tristeza, sumisión o rendición ante una situación.

A la vista de la clasificación de Mehrabian, podemos concluir que en la medida en que una postura se oriente o acerque hacia otra persona será positiva, en el sentido de que transmitirá implicación e interés en la comunicación, y en la medida en que una postura aumente la distancia respecto a otra persona, reflejará desinterés y rechazo de la comunicación.

Esta explicación servirá para interpretar una interacción entre personas. A nivel individual, una postura, cuanto más erguida y firme sea, más expresará estados de ánimo que se pueden valorar como positivos, como confianza, optimismo, seguridad o incluso actitud desafiante. Cuanto menos firme sea una postura, más abatida o contraída parezca y haga que el cuerpo se encoja sobre sí mismo transmitirá actitudes o estados negativos, como desánimo, falta de confianza o emociones y sentimientos negativos, como tristeza o desesperanza.

La escritora Flora Davis (1976) publicó en la década de los setenta el libro *La comunicación no verbal* en donde contaba el resultado de varios meses de investigación y entrevistas con profesionales de todo tipo (psicólogos, antropólogos, sociólogos, etc.) que se habían dedicado a estudiar el lenguaje del cuerpo.

Al tratar sobre las posturas corporales, la escritora hacía referencia al fenómeno de la *congruencia*, que había sido estudiado por el psiquiatra Albert E. Scheflen (1964).

La congruencia consiste en que dos personas tenderán a adoptar posturas similares cuando compartan el mismo punto de vista sobre una cuestión. Así, cuando dos personas que se comunican están de acuerdo en lo que dicen, expresarán este acuerdo a través de su lenguaje corporal y tenderán a adoptar las mismas posturas (posturas congruentes), mientras que si tienen distintos puntos de vista y los argumentos de cada una no resultan convincentes para la otra, tenderán a adoptar posturas corporales distintas (posturas no congruentes).

Teniendo en cuenta esta sencilla regla, con facilidad podremos interpretar hasta qué punto una persona empatiza o está de acuerdo con lo que decimos, y también podremos deducir si dos personas a las que observamos interactuar, aun sin escucharlas, mantienen diferentes puntos de vista o están de acuerdo sobre el tema del que conversan.

Siempre que se tenga la oportunidad, no se deben dar por definitivos los juicios sobre lo que una persona transmite sin tener en cuenta tanto el nivel de comunicación verbal como el no verbal. Es tan equivocado dar por seguro lo que se percibe a través del lenguaje corporal sin valorar también el lenguaje verbal, como hacerlo al contrario y dar por hecho que todo lo que comunica alguien está en lo que dice, obviando lo que su cuerpo expresa. Los dos niveles de comunicación a menudo actúan juntos y hasta tal punto se complementan que se ha descubierto que hay una sincronía, una especie de danza, entre el nivel verbal y no verbal cuando dos personas se comunican.

En este sentido, la antes citada Flora Davis hace referencia en su libro a conocidos trabajos de prestigiosos investigadores del comportamiento no verbal como William S. Condon y William

Ogston (1966) o Adam Kendom (1970 y 1972), en los que se ha observado que los gestos y posturas de quien escucha en una conversación muchas veces están determinados por lo que dice la persona que habla. Así, a una palabra por parte de quien habla le seguirá un determinado gesto en quien escucha, a una frase le seguirá un gesto más amplio por parte del oyente, como un cambio de posición de los brazos, y un trozo de discurso más amplio dará lugar a cambios de postura en el interlocutor.

Esta es una prueba más de la presencia de varios niveles en la comunicación humana y de cómo tanto el nivel verbal como el no verbal se complementan e interactúan uno con el otro, a veces para decir lo mismo, pero en otras ocasiones para decir cosas diferentes. En este último caso el papel del lenguaje corporal es poner al descubierto que hay una contradicción, una alteración, una mentira o una ocultación en el discurso de quien habla.

DISTANCIA PERSONAL

«De lejos es mayor el respeto».
Tácito (55-125).
Historiador romano.

Se llama *proxemística* o *proxemia* a la distancia que las personas establecen cuando interactúan unas con otras. Es lo que más comúnmente se conoce como *distancia personal*, término que se utiliza para referirse a la distancia que hay entre las personas cuando se están comunicando.

La manera en que las personas gestionan este espacio que consideran propio, y cómo respetan o invaden el de otras personas, proporciona un tipo de información no verbal que nos puede ser de mucha utilidad a la hora de hacer nuestras interpretaciones sobre el lenguaje corporal.

En el reino animal, la distancia es un factor que se debe tener muy presente para interpretar adecuadamente el posible comportamiento de los animales y para no buscarse problemas innecesarios con ellos.

Entender que los animales tienen un territorio más o menos amplio que no se debe invadir, o una distancia de seguridad que si ven reducida provocará que se sientan amenazados y que puede ocasionar que huyan o incluso que decidan atacar es algo que cualquier persona que haya tenido contacto con animales salvajes o domésticos conoce muy bien.

Los seres humanos tenemos también un espacio de seguridad, una distancia personal, que no permitimos que los demás invadan salvo que cuenten con nuestro permiso más o menos explícito. Tomando como referencia esta distancia mínima, se pueden interpretar nuestras interacciones con los demás y sus significados en función de a qué distancia se produzca la comunicación.

El antropólogo estadounidense Edward T. Hall (1966) estableció cuatro categorías para clasificar las distancias que las personas guardan al relacionarse y comunicarse unas con otras y los significados que implican, clasificación que ya se ha hecho famosa y que es ampliamente reconocida y aceptada.

Hall nos enseñó que al comunicarse las distancias entre las personas pueden ser de cuatro tipos:

– **Distancia íntima.** Esta distancia es la que se da entre 0 y 50 cm (en su límite máximo corresponde aproximadamente con la distancia de un brazo extendido). Es la distancia que guarda la zona de seguridad de una persona, la última barrera previa al contacto físico, y por lo tanto es el espacio más privado para cualquier persona. Suele ser una distancia en la que se permite entrar solo a las personas más allegadas, como pueden ser amigos, familia o pareja. Fundamentalmente se permite reducir esta distancia y entrar en la zona que guarda para expresar estados positivos como afecto o amor. Que dos personas se relacionen dentro de esa distancia significará que tienen una relación estrecha.

– **Distancia personal.** Este tipo de distancia se da en un espacio de entre 50 y 120 centímetros. Es la distancia que se utiliza para interactuar con personas con las que se establece una comunicación cercana, individual, pero que no necesariamente tiene un carácter amistoso. Sería la distancia propia de interacciones en lugares de trabajo o conversaciones con conocidos, por ejemplo. Es una distancia que sirve para reducir la posibilidad de que se entre sin permiso en la zona privada, pero que a la vez permite reconocer los gestos faciales de quien se tiene enfrente, para así captar lo que transmite, tanto a nivel verbal como no verbal.

– **Distancia social.** La distancia social abarca entre los 120 y los 270 centímetros. El espacio que se pretende guardar con esta distancia es para excluir completamente la posibilidad de contacto físico. Esta distancia es la que se utiliza en comunicaciones con desconocidos, como por ejemplo hablar con un extraño que nos pregunta algo en la calle.

– **Distancia pública.** La distancia pública se da más allá de los 270 centímetros y abarca hasta el límite que la visión o la audición permita. Se utiliza en actos públicos, en el sentido de que implican a más de dos personas, como comunicaciones a varias personas a la vez o incluso a grupos numerosos. Se puede decir que es una distancia que busca ver completamente a los demás (de cuerpo entero) para valorar de forma general sus intenciones y actitudes, a la vez que proporciona el espacio y tiempo necesarios para reaccionar si se da el caso de que alguien reduzca esa distancia con algún propósito.

Una vez conocidos los tipos de distancia personal, nos será más fácil percibir el significado de la distancia que una persona interpone voluntariamente al comunicarse con otra, interpretando que a mayor distancia habrá una menor intención de comunicar y a menor distancia habrá mayor intención de comunicar, aun cuando se trate de transmitir mensajes negativos, como sería el caso de una actitud agresiva. Hay que tener presente, eso sí, que hay distancias públicas y sociales que, independientemente del grado de intención comunicativa, suponen guardar un mayor espacio entre las personas.

- **Mayor distancia.** Cuanto mayor sea la distancia que establece una persona al comunicarse más negatividad podrá deducirse de la comunicación. Una distancia personal amplia será síntoma de respeto, desconfianza o rechazo de la comunicación.

- **Menor distancia.** Al contrario que en el caso anterior, una menor distancia reflejará un mayor deseo comunicativo, sea para transmitir estados positivos, como confianza, complicidad, deseo o interés, o estados negativos, como agresividad, dominancia u hostilidad.

Debemos tener siempre en cuenta también que la distancia que guarde una persona será menor cuando mayor sea el grado de conocimiento, confianza o familiaridad que tenga con la persona con la que interactúa.

Además, no hay que perder de vista que en una comunicación la distancia personal se puede mantener estable o variar. En este último caso, será una clara muestra de cambios en el estado interior de una persona, como pueden ser los que respondan a emociones como sorpresa, miedo, ira o alegría.

Existen también variaciones culturales en el uso de la distancia, que debemos tener presentes al tratar con personas de un país distinto al nuestro. En este sentido, siempre se pone como ejemplo que las personas de países latinos o tropicales tienden a guardar una distancia personal más corta en las interacciones con los demás, aun en el caso de comunicaciones con desconocidos, mientras que a las personas que provienen de países anglosajones o asiáticos se les suele presuponer el hábito de guardar una distancia personal mayor.

La distancia personal es también una expresión de cuál es el espacio que cada persona necesita para sentirse segura y libre de amenazas. «Invadir» el espacio personal de alguien, acortando la distancia sin su permiso, generalmente será percibido con un significado de hostilidad o agresividad, que a menudo provocará una reacción de miedo, dando lugar a una conducta defensiva de lucha o huida.

Cuando la distancia entre dos personas se reduce al mínimo se entra en el contacto físico, un factor que de por sí tiene un valor comunicativo propio, como veremos en el siguiente capítulo.

CONTACTO FÍSICO

«Existe, en verdad, un magnetismo, o más bien una
electricidad del amor, que se comunica por el solo
contacto de las yemas de los dedos».
Ferdinand Galiani (1728-1787).
Diplomático y economista italiano.

El contacto físico es una forma muy particular de comunicación no verbal. Mientras que el resto de variaciones del lenguaje corporal para ser percibidas deben ser observadas, en el caso del contacto físico, además de observarse, se siente, lo que añade un componente extra y único a los mensajes que se transmiten al tocar o ser tocados por una persona.

Mediante el contacto físico transmitimos principalmente emociones. Tocar a una persona sirve para expresarle afecto, comunicarle cercanía o apoyo, advertirle o llamar su atención. El contacto físico tiene también una función social, porque sirve para cumplir con ciertos rituales, como en el caso del saludo, en los que se accede a un contacto (besos o apretones de mano) que se malinterpretaría o no se permitiría en otro tipo de situaciones.

Además, como veremos, la tolerancia al contacto físico no es igual en hombres y en mujeres, algo que debemos tener muy en cuenta para interpretar y utilizar adecuadamente las posibilidades comunicativas del contacto físico.

Tocar a una persona supone entrar en su zona de seguridad, porque se traspasa su distancia personal íntima. Si se hace sin su consentimiento supone arriesgarse a que de alguna forma se sienta amenazada porque se ha invadido su espacio más privado.

Que el contacto físico se perciba o no como una especie de amenaza dependerá fundamentalmente de dos factores: del tipo de contacto físico que sea y de la zona del cuerpo que se toque.

Tipos de contacto físico

Puesto que el contacto físico se produce cuando se da la mínima distancia interpersonal posible, también podemos establecer, de manera parecida a como hicimos al tratar aquella, una distinción entre los distintos tipos de contacto físico que se pueden dar en las interacciones entre personas.

El psicólogo Richard E. Heslin, de la universidad norteamericana Purdue University, en un documento presentado en 1974 durante el encuentro anual de la Midwestern Psychological Association, estableció cinco tipos de contacto físico entre personas, en una clasificación que ya se puede considerar como clásica en el campo de la comunicación no verbal.

Estos son los cinco tipos de contacto físico que Heslin descubrió:

- **Contacto sexual explícito.** Es el contacto que se hace con la intención clara de expresar, manifestar y dar salida al deseo sexual.

- **Contacto íntimo o amoroso.** Este tipo de contacto se utiliza para expresar sentimientos y reforzar lazos afectivos. Se utiliza entre personas unidas por una relación estrecha, como puede ser una relación de familia, de pareja o de amistad muy cercana.

– **Contacto amistoso.** Este contacto se utiliza cuando se pretenden expresar emociones o intenciones de carácter positivo, que pueden ser calificadas como amistosas. Se suele dar entre personas que tienen algún grado de relación personal. Pasarle el brazo por el hombro a un amigo es un ejemplo de este tipo de contacto.

– **Contacto social.** Este tipo de contacto físico es el propio de ciertos rituales sociales, como pueden ser los saludos mediante besos o apretones de mano, aun entre personas desconocidas.

– **Contacto profesional.** El profesional es el contacto que se hace con el objetivo de realizar una determinada tarea que implica tocar el cuerpo de una persona, como el caso del contacto entre un médico y su paciente, el de un bombero con una persona que rescata de un incendio o el de un peluquero que corta el pelo a un cliente.

¿Qué zonas del cuerpo se tocan para comunicar?

Cada tipo de contacto físico de los que acabamos de ver implica que se toquen unas determinadas zonas del cuerpo y no otras. En la medida en que estando en una de las situaciones descritas se toque una parte del cuerpo «no autorizada», se corre el riesgo de generar una reacción negativa en la otra persona.

– **Contacto sexual explícito.** En este tipo de contacto las personas admiten que se toque prácticamente cualquier parte del cuerpo, en especial aquellas que tienen funciones sexuales o carga erótica (pelo, pecho, labios o cara).

– **Contacto íntimo o amoroso.** En esta clase de contacto lo normal es que se toquen partes de las zonas medias (tronco) y superior (cabeza y cara) del cuerpo.

– **Contacto amistoso.** En estas situaciones, el contacto se suele concentrar en los brazos, en ciertas partes del tronco (hombros) y, en menor medida, en la cara.

– **Contacto social.** El contacto social permite que dos personas se toquen solo en aquellas zonas del cuerpo que se utilizan para cumplir con el ritual social que se realiza, como las mejillas en el caso de un saludo con besos, o las manos en el caso de un saludo que consista en un apretón de manos.

– **Contacto profesional.** Al igual que en el contacto social, en este tipo de contacto solo se permite el contacto con la parte del cuerpo con la que se va a realizar la tarea profesional, con la diferencia de que en este caso las zonas permitidas irán en función del tipo de profesional con el que se trate. Por ejemplo, a un dentista se le permitirá explorar y tocar la boca, y a un peluquero el pelo y partes específicas de la cara.

Diferencias entre hombres y mujeres

Como también ocurría con la distancia personal, puede haber diferencias en el uso y significado del contacto físico según el país del que se proceda o el tipo de cultura en el que se viva.

Pero además de estas diferencias culturales, también existen diferencias según el sexo, ya que hombres y mujeres, por lo general, toleran e interpretan de distinta forma el significado del contacto físico.

El profesor de la Facultad de Psicología de la Universidad de Granada, Vicente E. Caballo (1997), determinó en una investigación realizada entre jóvenes universitarios que hombres y mujeres no perciben ni admiten de la misma manera el contacto físico. A la vista de los resultados que obtuvo, deberemos tener muy en cuenta si observamos o tratamos con hombres o mujeres a la hora de interpretar y utilizar el significado del contacto físico en la comunicación.

Estas diferencias entre sexos se darán básicamente en los casos en los que los contactos se puedan calificar como sociales y amistosos, ya que son en los que se producen interacciones con personas con las que se tienen diferentes niveles de confianza o conocimiento. Veamos una interpretación de los resultados del estudio del profesor Caballo:

- **Mujeres.** Como norma, las mujeres no admitirán ningún tipo de contacto físico proveniente de extraños. En el caso de personas a las que conozcan, tolerarán más el contacto, siendo más permisivas si proviene de una mujer que de un hombre, y admitiéndolo más a medida que la relación sea más estrecha. Las zonas del cuerpo en las que las mujeres admitirán el contacto físico son, principalmente, los brazos, la cara y la cabeza.

- **Hombres.** De forma general, los hombres no admitirán el contacto físico que provenga de otros hombres, y solo lo tolerarán en zonas del cuerpo específicas (brazos, hombros, cabeza y espalda) en caso de que haya entre ellos una relación de amistad o complicidad. Sin embargo, cuando el contacto provenga de mujeres, su tolerancia al contacto físico será mucho mayor, aun cuando se trate de personas con las que no tienen relación, recibiendo de buen grado el contacto en casi cualquier zona del cuerpo.

Así pues, el contacto físico es un elemento que proporciona buena información sobre el tipo de relación que une a dos personas, e incluso sobre el estado de esa relación (más o menos demostraciones de afecto). Además, es un factor que nosotros mismos debemos tener muy en cuenta para comunicarnos, ya que utilizado de la manera adecuada nos puede resultar muy útil en nuestras interacciones personales y sociales.

APARIENCIA

«Pocos ven lo que somos, pero todos ven lo que
aparentamos».
Nicolás Maquiavelo (1469-1527).
Historiador, político y teórico italiano.

Si bien hasta ahora hemos tratado principalmente de los mensajes que se transmiten con el movimiento de las diferentes partes del cuerpo, hay también otro tipo de información no verbal que podemos extraer de la observación de una persona, pero en este caso no se trata de la información que nos envían las posturas o los gestos que adopta, sino de los mensajes que su imagen exterior comunica, tanto de ella misma como de la relación que tiene con su cuerpo. Hablamos de la apariencia personal.

La apariencia es la imagen social de una persona y con ella transmite impresiones generales sobre sí misma, sobre el lugar que ocupa o que le gustaría ocupar en la sociedad y sobre sus preferencias y gustos.

La apariencia personal incluye tanto el cuidado de las diferentes partes del cuerpo como su adorno y protección por medio de la ropa.

CUIDADO PERSONAL

«El aspecto exterior pregona muchas veces la
condición interior de la persona».
William Shakespeare (1564-1616).
Escritor británico.

A la hora de fijarnos en la apariencia de una persona, una buena manera de deducir información sobre ella es fijarnos en el grado de atención que presta al cuidado de su cuerpo.

El cuidado personal pone de manifiesto el esfuerzo consciente e intencionado que hace una persona para transmitir una determinada imagen a los demás, lo que dará una buena medida de cuál es la impresión general que quiere transmitir.

El nivel de cuidado personal se refleja en el cuerpo en su conjunto y de forma más específica en las partes del cuerpo visibles a los demás, aquellas que no están cubiertas por la ropa, que serán, fundamentalmente, la cabeza y las manos. Y no debemos dejar de tener en cuenta la ropa que se utiliza, pero no por lo que trasmite por sí misma (colores o estilo) sino por la relación que tiene con el cuerpo. Veamos primero qué nos dice de una persona el cuidado que da a su cuerpo y después iremos con lo que nos dice la ropa que utiliza.

CUERPO

La forma del cuerpo de una persona comunica cosas sobre su estilo de vida, sobre las posiciones que más a menudo adopta, sobre los rasgos de su carácter e incluso sobre su estatus social.

Es necesario advertir que las conclusiones sacadas de este tipo de observaciones son las que con más cuidado debemos manejar, porque a menudo son las que dan lugar a prejuicios que pueden no tener nada que ver con cómo es una persona realmente.

Al fijarnos en el cuerpo de una persona con la intención de deducir información no verbal, debemos prestar especial atención a lo siguiente:

- **Características innatas.** Son las características que le vienen dadas al cuerpo de cada uno de nosotros (rasgos distintivos del rostro, altura, belleza o forma del cuerpo, entre otras). Pueden servir para sacar conclusiones sobre una persona, más allá de lo que transmita en un determinado momento con sus gestos. Que una persona sea más alta que la media nos puede servir para deducir, por ejemplo, que tal vez sea tolerante con la diferencia (porque sabrá de la dificultad que supone ser distinta) o que una persona sea muy atractiva puede servirnos para deducir que probablemente esté acostumbrada a tener una gran aceptación social (con las ventajas y desventajas que eso supone).

- **Características adquiridas.** Son el resultado de la manera en que una persona trata su cuerpo o de cómo la vida lo ha tratado (enfermedades o accidentes). Entre ellas están el nivel de forma física, el peso, la postura general (la más habitual, erguida o ligeramente encorvada, por ejemplo), o la tendencia a tener un gesto permanente de alegría, tristeza, seriedad, enfado, etc. De la observación de las características adquiridas podremos aventurar algunas hipótesis de cuál es la relación de una persona con su cuerpo, que puede venir determinada tanto por su trabajo, el momento de su vida en el que se encuentre, su estado emocional general o por circunstancias ajenas a ella (como enfermedades o accidentes), todos ellos factores que contribuyen a moldear su carácter y su visión del mundo, y por lo tanto su forma de expresarlo mediante el lenguaje corporal.

CABEZA

En el caso de la cabeza, serán el cuidado del pelo y de la cara los que transmitan información sobre el grado de atención que dedica una persona a su cuidado personal y qué partes quiere resaltar.

Los elementos de la cabeza en los que nos debemos fijar son el corte y el cuidado del pelo, maquillaje (en el caso de las mujeres), afeitado o cuidado del vello facial (en el caso de los hombres) o adornos (pendientes y piercings). Todos ellos transmiten información sobre la apariencia que quiere transmitir una persona, lo que nos dará información de con qué grupos sociales se identifica o qué partes de sí misma quiere resaltar. En este último caso, esto nos servirá para saber que es probable que trate de comunicar no verbalmente de forma mucho más intencionada con esas partes, como en el caso de maquillaje en los ojos o unas gafas elegantes o de diseño.

MANOS

El cuidado de las manos transmite información sobre el uso que hace de ellas una persona. Fijándonos en ellas podremos deducir si se dedica a un trabajo manual y cuál es su dureza.

En el caso de trabajos manuales duros, las manos aparecerán endurecidas y desgastadas, como ocurre con obreros, mecánicos, personal de limpieza, etc. En el caso de trabajos manuales que no requieran dureza (aunque sí esfuerzo) probablemente las manos aparecerán cuidadas y estilizadas (médicos, músicos, oficinistas, etc.).

ROPA

«No andes, Sancho, desceñido y flojo, que el vestido
descompuesto da indicios de ánimo desmalazado».
El ingenioso hidalgo don Quijote de la Mancha.
Miguel de Cervantes (1547-1616).
Escritor español.

Por medio de la ropa las personas comunican información
social, que dice cuál es o cuál les gustaría que fuera su posición en
la sociedad en la que viven. La ropa informa sobre el estatus social,
el poder adquisitivo y con qué grupos se identifica una persona.

Pero más allá de este tipo de información social, con la ropa una
persona también comunica cuál es la relación que tiene con su
cuerpo y qué partes de él quiere resaltar.

– **Ropa ajustada.** El uso de ropa ajustada transmitirá tensión,
que no tiene por qué ser necesariamente negativa. Expresará
confianza en la apariencia corporal, deseo de resaltar
determinadas partes del cuerpo, autoestima elevada,
confianza en el atractivo personal y satisfacción con el propio
cuerpo.

– **Ropa holgada.** Utilizar ropa holgada, al contrario que el caso
anterior, transmite relajación. Esta relajación puede obedecer
a un deseo de comodidad y bienestar o bien puede deberse a
inseguridad en la imagen corporal y baja autoestima en ese
terreno, ya que con ropa holgada una persona tratará de
ocultar una imagen corporal con la que no está, en algún
grado, satisfecha, disminuyendo de esta manera la tensión que
le produciría llevar ropa más ajustada que resaltaría más su
cuerpo.

MENTIRAS CORPORALES

«Es que la verdad no se puede exagerar. En la verdad
no puede haber matices. En la semiverdad o en la
mentira, muchos».
Pío Baroja (1872-1956).
Escritor español.

«Es imposible no comunicar». Con esta frase empezaba el libro, seguida por una reflexión sobre la imposibilidad de no comunicar, de no transmitir algún tipo de información por mucho que no pretendamos hacerlo. Donde hay personas, hay comunicación, sea a nivel verbal o no verbal, y donde hay comunicación entre personas, seamos realistas, existe también la posibilidad de que haya engaños, ocultaciones, disimulos o mentiras.

La relación del lenguaje corporal con la mentira es de dos tipos. Por un lado, como ocurre con el lenguaje verbal, se puede utilizar para mentir, ocultar información o disimular intenciones y sentimientos. En este caso, los gestos sirven para enmascarar el estado interior.

Pero por otro lado, el lenguaje corporal puede ser el mejor aliado a la hora de descubrir la mentira. Las personas a menudo centramos todos nuestros esfuerzos comunicativos en lo que decimos al hablar, y descuidamos lo que expresan gestos y posturas, que, al no ser controlados conscientemente, tenderán a transmitir lo que pensamos y sentimos en realidad. Aun en el caso de que se traten de controlar algunos gestos para que no descubran la mentira, habrá otros que se descuiden, gestos que si estamos atentos y sabemos dónde fijarnos, nos servirán para saber si una persona está siendo o no sincera. En este caso, los gestos delatan.

Si bien se puede afirmar que con el lenguaje corporal también se miente, lo cierto es que no se puede mentir tanto como con el lenguaje verbal. Aunque una persona aplique cierto grado de control consciente a lo que transmite con su cuerpo (principalmente con la cara), se ha comprobado que en las expresiones corporales se dan una especie de *microgestos*, unas reacciones instantáneas y automáticas, de duración muy breve, que revelan los verdaderos estados interiores de una persona. Estos microgestos son el reflejo de movimientos instintivos como reacción a una situación (sorpresa, miedo, alegría, aversión) que escapan del control voluntario de una persona y que, hasta que no consigue disimularlos, delatan cuál es en realidad su estado interior.

Por todo esto, cuando se trata sobre la mentira en el lenguaje corporal es necesario hablar de dos tipos de gestos: los que ocultan la verdad y los que la revelan, o lo que es lo mismo, los gestos que enmascaran la verdad y los gestos que delatan.

ENMASCARAMIENTO

«Una mentira nunca vive hasta hacerse vieja».
Sófocles (495 a. de C.-406 a. de C.).
Poeta griego.

El enmascaramiento es lo que también podríamos llamar disimulo. Enmascarar consiste en contener o modificar nuestro lenguaje corporal para que no exprese nuestros verdaderos pensamientos o sentimientos.

En el enmascaramiento no entra en juego el lenguaje verbal, se trata sencillamente de usar unos gestos o posturas para enmascarar, disimular u ocultar lo que el cuerpo querría comunicar realmente. El enmascaramiento se hace mediante gestos y posturas falsos, que mienten respecto a los gestos y posturas que realmente se quisieran adoptar.

No mirar hacia lo que realmente nos interesa, dar la espalda, evitar gestos o posturas que revelen nuestras actitudes o estados emocionales o adoptar gestos y posturas contrarios a lo que en realidad pensamos o sentimos son ejemplos de cómo las personas usamos el lenguaje corporal para enmascarar pensamientos y emociones.

Pero el enmascaramiento, como toda mentira, se puede descubrir. Mientras que para descubrir las mentiras que se dicen con el lenguaje verbal a menudo es necesario acudir a fuentes distintas a la propia persona que nos la cuenta (testimonios de otras personas, conocimiento propio de una situación, preguntar para encontrar contradicciones en lo que se cuenta), las mentiras que se dicen con el lenguaje no verbal tienen la ventaja de que para descubrirlas a menudo basta seguir observando, para de esta manera acabar por ver debajo de la máscara que se nos está presentando.

Si sabemos centrar nuestra atención de la forma adecuada en el lenguaje corporal y estamos atentos a una serie de señales o indicios, podremos ser capaces de detectar cuando se utiliza para enmascarar otros gestos y posturas que expresarían el verdadero estado interior de una persona.

Tensión

Lo primero en lo que debemos fijarnos para detectar el enmascaramiento es en la tensión. La tensión muscular que se observe en el gesto o postura que adopta una persona puede ser indicativa de que está mintiendo, porque reflejará que está forzando a parte de su cuerpo a adoptar gestos o posturas contrarios a los que de forma natural querría adoptar.

La tensión corporal será más representativa de enmascaramiento cuanto menos tenga que ver con el gesto o postura que se nos está mostrando. Es decir, es normal que haya tensión en cualquier músculo de la cara o del cuerpo que se utilice para expresar ira o enfado, en cuyo caso esa tensión no sería síntoma de enmascaramiento, pero será mucho menos normal que haya tensión, por ejemplo, en los músculos de la boca cuando una persona está sonriendo. Si la hay, eso querrá decir que esa sonrisa se está utilizando para enmascarar el gesto que realmente querría poner la persona, que podría ser de seriedad o desprecio. Como quiere enmascarar sus verdaderos sentimientos, fuerza a su boca a hacer un gesto distinto al que naturalmente haría (labios hacia arriba para sonreír en lugar de labios normales para expresar neutralidad o hacia abajo para expresar desprecio), lo que crea un gesto en el que se trasluce tensión muscular.

Partes del cuerpo

El enmascaramiento supone intencionalidad por parte de la persona, al tratar de ejercer control de forma consciente sobre determinadas partes de su cuerpo.

Como sabemos, las personas, tanto para observar el lenguaje corporal de los demás como para controlar el suyo propio, centran casi toda su atención en la cara, y dentro de ella, principalmente en los ojos.

Esto hace que a medida que nos apartamos primero de los ojos y luego de la cara, menos control consciente ejercerá una persona sobre lo que su cuerpo transmite. De esta manera, cuando una persona quiera enmascarar un pensamiento o emoción, lo hará casi siempre con la cara, pero a menudo descuidará el resto de su cuerpo. Así, mientras que puede ocultar un sentimiento de rechazo o falta de interés con una sonrisa, no pondrá tanto cuidado en la postura de su cuerpo, y es más que probable que si no siente verdadera alegría su postura sea más de retirada (aumento de la distancia respecto a otra persona) o de contracción (encoger el cuerpo).

Lo mismo podemos decir de las manos o los brazos. Es muy probable que si se finge alegría, expresada por una sonrisa de enmascaramiento, las manos estén cerradas u orientadas hacia el cuerpo de la persona que finge, en lugar de abiertas o separadas del cuerpo y buscando el contacto con la otra persona, como lo estarían si la alegría que expresa con su sonrisa fuera genuina.

Tiempo

El tercer elemento que nos ayudará a descubrir el enmascaramiento es el tiempo. Con explicamos al principio del libro, nadie puede engañar a todos todo el tiempo, así que es muy probable que si observamos a una persona durante el tiempo suficiente, esta relaje el control voluntario sobre su lenguaje corporal y este acabe revelando su verdadero estado, incluso a través de las partes del cuerpo sobre las que más control ejerce.

Así, una mirada fugaz hacia lo que de verdad interesa (cuando antes se había evitado mirar en esa dirección), una mirada hacia abajo mostrando aburrimiento (cuando antes se había estado fingiendo atención) o menos intensidad en una sonrisa (cuando hasta entonces se había estado sonriendo ampliamente) son algunos de los gestos o microgestos que, si prestamos atención durante el tiempo adecuado, podremos advertir que se deslizan o se dejan entrever en el lenguaje no verbal de una persona, asomándose por debajo de la máscara que quiere adoptar para ocultar lo que su lenguaje corporal tiende a expresar de forma natural.

GESTOS QUE DELATAN

> «Sin duda, debí de ponerme muy pálido, pero seguí hablando con creciente soltura y levantando mucho la voz. Empero, el sonido aumentaba... ¿y qué podía hacer yo? (…). Hablé con mayor rapidez, con vehemencia, pero el sonido crecía continuamente. Me puse en pie y discutí sobre insignificancias en voz muy alta y con violentas gesticulaciones; pero el sonido crecía continuamente».
>
> *El corazón delator.*
> Edgar Allan Poe (1809-1849).
> Escritor estadounidense.

De la misma manera que los gestos enmascaran, igualmente pueden revelar las mentiras que las personas cuentan con el lenguaje verbal.

En la vida diaria, cuando hablamos y nos comportamos diciendo lo que pensamos y lo que sentimos damos salida a nuestra personalidad, es decir expresamos a través de palabras y gestos quiénes somos, cómo pensamos y cómo sentimos. Cuando alguien miente, altera esa expresión normal de su personalidad, y por lo tanto altera su funcionamiento habitual.

Esto produce que se den una serie de cambios tanto físicos como de comportamiento: por un lado, los cambios fisiológicos, que son aquellos que no se pueden apreciar a simple vista (cambios en el ritmo cardíaco, la presión arterial, la frecuencia de la respiración o la conductancia de la piel) y que requerirían de aparatos especiales para observarlos y deducir en base a ellos si una persona está o no mintiendo (el polígrafo, también conocido como detector de mentiras).

Pero por otro lado, las mentiras, además de esos cambios inapreciables para el observador normal, llevan aparejados otros cambios, en este caso en la forma de comportarse, y por lo tanto en los gestos y posturas que una persona adopta. Estos gestos nos pueden servir, si les prestamos la debida atención, para poner en duda si lo que nos está diciendo alguien es cierto. Son gestos que delatan.

Veamos algunos de ellos:

- **Frotarse o rascarse el cuerpo.** Los gestos de frotar o rascar alguna parte del cuerpo normalmente expresan algún grado de ansiedad o nerviosismo. Cuando una persona miente, especialmente cuanta menos práctica tiene, se pone nerviosa, por lo que es probable que haga algún gesto que exprese su estado de ánimo alterado. Frotarse o rascarse sin intensidad, y sobre todo alguna parte de la cara o la cabeza, son gestos que pueden poner al descubierto que una persona está mintiendo.

- **Gestos de ocultación.** Los gestos para ocultar alguna parte de la cara (especialmente la boca) son gestos que las personas adoptan de manera inconsciente para intentar disimular más. De la misma forma que si quisiéramos que los demás no nos vieran trataríamos de ocultarnos detrás de algo, lo mismo hacemos con nuestra boca cuando decimos mentiras o secretos, en un gesto inconsciente para ocultar aquello que no queremos que llame la atención.

- **Desviar la mirada.** Desviar fugazmente la mirada (hacia abajo o hacia los lados) puede revelar el instante justo en que se dice una mentira. En ese momento, la persona siente nervios, inquietud y miedo de ser descubierta (y tal vez un poco de vergüenza), por lo que en el preciso instante de mentir interrumpe el contacto visual, tanto por causa de su propio estado interior, como porque es consciente de que la atención de la otra persona está puesta en su cara y teme que se pueda «leer» en ella la verdad que pretende ocultar con sus palabras.

- **Ausencia de gesticulación.** Normalmente las personas acompañamos nuestras palabras con innumerables gestos, microgestos y posturas corporales. Que una persona deje de gesticular cuando habla o después de hablar, indicará que está tratando de controlar voluntariamente su lenguaje corporal, lo que puede ser una muestra de que está tratando de que su cuerpo no contradiga lo que ha dicho con su lenguaje verbal, algo que puede ser un claro indicio de que ha contado una mentira.

- **Postura de retirada.** La postura de retirada puede ser también una forma de adivinar la mentira. Que una persona aleje su cuerpo de otra, aumentando la distancia, puede ser una forma de evitar el escrutinio de su lenguaje corporal y dificultar la observación de los gestos de la cara, aquellos que cree que más fácilmente le delatarán.

PARALENGUAJE

«Nada revela tan fiablemente el carácter de una
persona como su voz».
Benjamin Disraeli (1766-1848).
Estadista inglés.

El *paralenguaje* (aunque tal vez se debería decir paralenguaje lingüístico) es el término que se utiliza para referirse a los aspectos vocales del lenguaje verbal (el tono de voz, la velocidad a la que se habla, el volumen de voz, el uso de silencios o muletillas). Es decir, son las características no lingüísticas del lenguaje, una especie de lenguaje paralelo (paralenguaje) que no es propiamente verbal ni tampoco no verbal, pero que nosotros trataremos aquí porque también aporta información que puede ayudar a sacar conclusiones sobre el estado interior de una persona, tanto en una conversación normal como en situaciones en las que no se escuchen o entiendan las palabras que alguien dice, como puede ser en el caso de una persona que habla en un idioma que no conocemos o a la que escuchamos en unas circunstancias que no permiten distinguir con claridad lo que está diciendo (distancia, ruido, etc.).

Tono de voz

Como decíamos al principio del libro, el tono de voz supone el 38% de la información que utilizamos para dar significado y formarnos una idea sobre lo que una persona comunica. Para crearnos juicios e impresiones tiene más peso el tono de voz que lo que se nos diga con la palabra (38% el tono de voz frente al 7% de la palabra).

Los tres tipos principales de tonos de voz que una persona utiliza al hablar son el agudo, el normal y el grave. Estos tres tonos serán respecto al tono habitual que tiene una persona, ya que hay gente que de forma natural tiene un tono de voz agudo o grave. Cuando califiquemos como agudo o grave un tono de voz debemos hacerlo comparándolo con el tono normal que tiene la persona, porque son los cambios en el tono normal los que reflejarán alteraciones en el estado interior.

Como norma general:

- **Tono agudo.** Un cambio a un tono de voz agudo será expresión de estados asociados a nerviosismo o sorpresa, producidos por emociones como alegría, miedo, incertidumbre, angustia o llanto.

- **Tono grave.** Los cambios a tonos de voz graves reflejarán estados de agitación interior asociados a emociones como la ira o a actitudes como la seriedad.

Entre estos dos tonos hay muchas otras variaciones e inflexiones posibles que se dan a lo largo del discurso de una persona, variaciones que, si estamos atentos, podremos utilizar para interpretar cambios en los estados emocionales o para deducir intenciones comunicativas en quien habla.

Volumen de voz

Las variaciones en el volumen de la voz son un claro ejemplo de que a la vez que se está diciendo algo se están produciendo cambios en la actitud o el estado emocional de una persona. Normalmente, un volumen alto indicará alteraciones bruscas y espontáneas, mientras que un volumen bajo indicará alteraciones sobre las que se ejerce cierto control.

– **Volumen alto.** Alzar la voz por encima del volumen normal indicará estados de agitación interior como enfado, sorpresa o nerviosismo extremo.

– **Volumen bajo.** Bajar el volumen de la voz por debajo de lo habitual será una señal de estados de contención emocional, de tristeza o de inseguridad.

Velocidad del habla

Al igual que ocurría con el tono de voz, también debemos juzgar que una persona habla más o menos rápido en función de la velocidad a la que lo haga habitualmente. Como regla general, aumentar el número de palabras que se dicen al hablar denotará expresión emocional y hablar a un ritmo más lento del normal será señal de contención o estabilidad emocional.

– **Velocidad rápida.** Hablar rápido implica aumentar el número de palabras que se dicen en cada unidad tiempo, por lo que será indicio de que se liberan emociones o pensamientos. Un ritmo de habla rápido indicará nerviosismo, impaciencia, urgencia o apasionamiento.

– **Velocidad lenta.** Hablar más despacio de lo habitual es una señal de que no hay agitación interior (estabilidad emocional) o de que se está tratando de contener lo que verdaderamente se piensa o siente (autocontrol).

Alteraciones del habla

Las alteraciones del habla consisten en el uso de elementos que alteran la fluidez del discurso. Las principales alteraciones son recurrir a muletillas (*¿sabes?*, *¿no?*, *¿verdad?*, *es decir*, *o sea*), las dudas (*eh...*, *esto...*) o los silencios.

- **Uso de muletillas.** Usar muletillas al hablar refleja inseguridad y poco control sobre el discurso propio (se utilizan para «apoyarse» en ellas).

- **Dudas.** Las dudas y vacilaciones al hablar suelen ser la expresión de estados de incertidumbre, inquietud, falta de confianza en lo que se comunica e inseguridad.

- **Silencios.** Si son intencionados, los silencios reflejan seguridad y confianza, mientras que si son involuntarios suelen ser sinónimo de ocultación, mentira o dudas.

Como hemos señalado, en todos los aspectos del paralenguaje lo más adecuado es compararlos con la forma habitual de hablar de una persona, si bien cuando se tiene cierta destreza en la interpretación del lenguaje corporal y unos buenos conocimientos de la psicología humana, se pueden incluso aventurar hipótesis sobre la personalidad de alguien por el hecho de que tenga un tono de voz agudo como tono normal, porque tenga tendencia natural a hablar rápido o porque use siempre un determinado volumen de voz.

Otros elementos paralingüísticos de los que se puede extraer información no verbal son el timbre de la voz, su claridad o las inflexiones que se hacen al hablar.

LOS OTROS MENSAJES DEL LENGUAJE CORPORAL

> «No lloramos porque estamos tristes sino que
> estamos tristes porque lloramos».
> William James (1842-1910).
> Filósofo estadounidense.

Amy Cuddy es una psicóloga social norteamericana conocida por sus investigaciones sobre la dinámica del poder, las emociones y la comunicación no verbal.

Una de sus principales aportaciones en la comprensión del lenguaje corporal es haber determinado que lo que transmite una persona con su cuerpo no solo influye en la impresión que las demás se llevan de ella, sino que también determina la propia impresión que una persona tiene de sí misma. Es decir, que los gestos y posturas que adoptamos en una situación moldean lo que pensamos y sentimos sobre nosotros mismos en esa situación.

Según nos dice el interesante argumento de esta doctora en Psicología, si en una determinada situación adoptamos gestos o posturas que transmitan confianza y poder (posturas expandidas, abiertas, con brazos extendidos o en jarras, cabeza alta, sonrisa sincera) al cabo de muy poco tiempo acabaremos por sentirnos más seguros de nosotros mismos y confiaremos más en nuestras posibilidades para afrontar una situación, aun cuando antes de adoptar esas posturas nos sintiéramos indecisos, dubitativos o inseguros.

Así que los gestos y posturas que usamos para expresarnos no solo influyen en lo que los demás perciben de nosotros, sino que definen lo que nosotros mismos pensamos y sentimos sobre nosotros y nuestras capacidades.

La fundación TED es una organización sin ánimo de lucro dedicada a la difusión de ideas y del conocimiento. Las conferencias que organiza son mundialmente famosas, tanto por su formato (charlas breves, llamadas TED Talks, de en torno a veinte minutos de duración) como por la frescura y categoría profesional de sus conferenciantes (expertos mundiales en un tema que suelen dar a la charla un ameno toque humorístico).

En junio del año 2012, en la conferencia organizada en la ciudad de Edimburgo (Escocia), la psicóloga Amy Cuddy dio una charla de veintiún minutos de duración que se ha convertido en una de las más vistas de todas las ofrecidas por esta organización desde su creación en el año 1984.

La charla se titulaba *Tu lenguaje corporal da forma a quien eres* (*Your body language shapes who you are*), y en ella la psicóloga social hablaba de las evidencias obtenidas por ella y por su colaboradora, Dana R. Carney, en las investigaciones que habían realizado sobre la relación entre el lenguaje corporal y los comportamientos y actitudes de poder.

Los resultados obtenidos en sus investigaciones demostraban que simular una actitud o un sentimiento, adoptando unos determinados gestos o una postura específica, acaba por hacer que se experimente en cierto grado lo que se simula.

Así, si uno adopta el gesto de sonreír durante un tiempo, aunque sean tan solo unos segundos, es probable que empiece a sentir sensaciones positivas. De la misma manera, si durante una conversación una persona trata de transmitir seguridad y confianza en sí misma, aunque en un principio no las sienta, al cabo de un tiempo empezará a sentirse más capaz y con más seguridad para afrontar esa situación.

Antes de comenzar su estudio, las dos investigadoras se habían planteado que, de la misma manera que la mente puede producir cambios en el cuerpo (algo que ya es ampliamente aceptado, como lo demuestra el que se haya comprobado que una gran parte de los pacientes que acuden a consultas de medicina general presentan trastornos o dolencias físicas causadas por conflictos emocionales), tal vez el cuerpo sea capaz a su vez de producir cambios en la mente a través de los gestos y posturas que las personas adoptan.

La premisa básica de las dos psicólogas era que los gestos y posturas que se adopten en una situación producirán cambios fisiológicos en el organismo (alteración en la producción de hormonas) que a su vez influirán en la aparición de determinadas emociones y sentimientos. Adoptar una determinada postura (de poder, por ejemplo, con el tronco erguido y la cabeza alta) hará que la química corporal se altere y que esos cambios produzcan la aparición de unas sensaciones que dan lugar a las emociones que acabarán definiendo nuestros pensamientos, y por lo tanto nuestras actitudes, ante una situación.

Este interesante argumento, al fin y al cabo, no es más que el argumento inverso del ya demostrado de cómo experimentar constantemente emociones negativas acaba influyendo en la salud física. Las emociones son alteraciones químicas que se producen a nivel del sistema nervioso, alterando la producción hormonal, y en consecuencia el funcionamiento de los órganos internos. Por eso, experimentar emociones negativas de forma continuada acaba afectando al funcionamiento normal del cuerpo y puede desembocar en alteraciones, trastornos y enfermedades físicas, que van desde caries dentales, insomnio y dolores de cabeza hasta hipertensión, úlceras, problemas cardíacos o cáncer.

En el experimento que hicieron Cuddy y Carney para averiguar la relación entre gestos, posturas y actitud de poder pedían a los participantes que durante dos minutos adoptaran *posturas de poder* (brazos levantados y manos cruzadas tras la nuca, piernas sobre una mesa; pecho elevado o brazos en jarras con manos apoyadas en la cintura y piernas ligeramente separadas, entre otras) o *posturas de debilidad* (brazos y piernas cruzados, cuerpo encogido, cabeza baja). Mediante muestras de saliva se tomaban medidas de los niveles hormonales de los participantes, tanto antes de adoptar la postura como después de transcurridos los dos minutos manteniéndola.

Los resultados obtenidos en el experimento mostraron que las personas que adoptaban posturas de poder incrementaban sus niveles de testosterona y disminuían su nivel de cortisol (características que biológicamente definen una actitud de poder, dominante), mientras que los participantes que adoptaban posturas de debilidad durante los dos minutos que se les habían pedido, mostraban cambios fisiológicos que implicaban una disminución de los niveles de testosterona y un aumento de los niveles de cortisol (estado fisiológico asociado a una baja resistencia al estrés).

Es decir, los que adoptaban las posturas de poder sufrían cambios hormonales que influían en que su cerebro desarrollara pensamientos y actitudes de poder, confianza y seguridad, mientras que los que adoptaban posturas de debilidad sufrían también cambios hormonales que afectaban al cerebro, pero en este caso les llevaban a pensar y actuar como frágiles e inseguros.

Gestos o posturas «positivos» pueden otorgar confianza y seguridad a quien en un primer momento no las tiene, e incluso ayudarle a pensar de una manera más eficaz. Las teorías de Cuddy son muy sencillas de comprobar: basta con que pruebe a aumentar el ritmo al que camina normalmente, haciéndolo con una postura más firme de lo habitual. No tardará en darse cuenta de que se empiezan a producir pequeños cambios positivos en sus sensaciones, su forma de pensar y su actitud. Lo mismo ocurrirá si se obliga a sonreír o a adoptar gestos que transmitan a los demás apertura, optimismo o confianza: esos mismos gestos acabarán por transmitirle también a usted esas sensaciones positivas.

Durante su charla, la psicóloga explicaba que cuando, a raíz de los resultados obtenidos en su investigación, le dice a la gente que cambiando su postura durante solo dos minutos pueden cambiar su actitud, muchas personas le dicen que eso sería fingir y no expresarse tal y como son de verdad. La propia Cuddy reveló que estas contestaciones le preocupan bastante, porque no es su intención hacer que la gente finja, sino que cambie para mejor. Durante los últimos cinco minutos de su TED Talk, contó una experiencia personal para rebatir estas objeciones que provocó que el público asistente respondiera y agradeciera su charla con una gran ovación, aplaudiendo y puesto en pie. No voy a reproducir aquí la inspiradora explicación que dio la doctora Cuddy, ya que se trata de una emocionante experiencia personal que no me considero autorizado a relatar. Debo decir que lo hago también con la intención de que el lector se dirija a la página web de TED y reproduzca su inspiradora y emotiva charla para satisfacer su curiosidad, a la vez que se adentra en la difusión del conocimiento como forma de mejorar el mundo, intenciones que estoy seguro que servirán para que el lector me perdone por dejarle con esta pequeña incertidumbre.

ESPEJO

«Solo obtienes algo de los libros si eres capaz de
poner algo tuyo en lo que estás leyendo».
Sándor Márai (1900-1989).
Escritor húngaro.

En este capítulo, la forma más adecuada de poder transmitirle lo que quiero no sería utilizando palabras. Lo que realmente me hubiera gustado es que cuando usted llegase a esta página se hubiera encontrado con un espejo.

Como ha podido comprobar hasta ahora, los posibles significados de los gestos humanos son innumerables, debido a la variedad de intensidades de los estados mentales y anímicos, a la infinidad de combinaciones entre las diferentes partes del cuerpo, a la influencia del contexto y al tipo de relación que se tenga con una persona.

Para quien tenga interés en profundizar en el conocimiento del lenguaje corporal y aumentar su sensibilidad a la hora de percibir e interpretar los mensajes que las personas transmiten por medio de gestos y posturas mi consejo es que, además de leer más libros sobre el tema, se mire en un espejo.

Cualquiera de nosotros tiene y pone en práctica cada minuto de cada día la capacidad de expresar cómo piensa y cómo siente por medio de sus gestos. Como en tantas otras cosas, demasiado a menudo buscamos fuera de nosotros respuestas que en realidad llevamos dentro. Frecuentemente nosotros mismos somos *«el árbol que no nos deja ver el bosque»*.

Algo tan sencillo como dedicar un tiempo a mirarse en un espejo, observando cuáles son los gestos que hacemos cuando adoptamos diferentes actitudes o estados de ánimo, nos dará una buena medida de los posibles significados que gestos similares pueden tener en otras personas, y nos proporcionará también un mayor control sobre lo que comunicamos con nuestro lenguaje corporal, ya que nos habituaremos a poner más atención en lo que hacemos en cada momento con las distintas partes del cuerpo. Adquiriendo mayor control sobre nuestro cuerpo, nuestro poder comunicativo aumentará y seremos más eficaces al comunicar a los demás los mensajes que queremos transmitir.

Además del espejo, en el proceso de sensibilización hacia el lenguaje corporal debe haber también guías y referencias, tan excelentes como las que a mí me han servido de consulta para escribir este libro, ya que nos permitirán eliminar subjetividad y sesgos personales de nuestro juicio. Es por esto que además del espejo, si su interés es profundizar en el manejo e interpretación del lenguaje corporal, le recomiendo algunos de los libros, manuales y guías que encontrará en la bibliografía localizada al final del libro.

GESTUARIO

«Largo es el camino de la enseñanza por medio de
teorías; breve y eficaz por medio de ejemplos».
Séneca (2 a. de C.-65).
Filósofo latino.

El número de gestos y posturas que pueden adoptar las personas con las distintas partes de su cuerpo asciende a miles. Si a eso le sumamos las posibles combinaciones entre zonas del cuerpo y los diferentes significados e intensidades que pueden transmitir, resulta muy poco realista pretender conocer o haberlas nombrado todas. Además, resultaría muy poco operativo desde el punto de vista del aprendizaje, ya que la cantidad de gestos y posturas, con sus respectivos significados, fácilmente abrumaría y provocaría desistimiento en quien tuviera interés por aprenderlas.

Sin embargo, eso no quiere decir que no se pueda hacer una relación con las que se consideran más significativas o importantes, las que son más fácilmente reconocibles y las que más suelen despertar la atención y el interés. Eso precisamente es lo que he pretendido al elaborar el *Gestuario*, en el que se listan y explican esquemáticamente los significados de muchos de los gestos y posturas con los que transmitimos información no verbal, y que tiene la vocación de servir como una especie de breve diccionario de gestos al que se pueda recurrir para consultas puntuales.

Abdomen, tocarse el: preocupación por el estado físico, sea exterior (forma física) como interior (molestias o dolores).

Acostarse: ver *Postura; estar echado.*

Agacharse: ver *Postura; estar agachado.*

Arrodillarse: ver *Postura; estar arrodillado.*

Barbilla temblorosa: nerviosismo, agitación, tristeza cercana al llanto.

Barbilla, acariciarse la: dudas, reflexión, diálogo interno, contemplación.

Barbilla, fruncir o alzar la: preocupación, tristeza, enfado, concentración extrema, dudas.

Boca, taparse la: ocultación, contención emocional.

Brazo, levantar el (por encima de la cabeza): intención de llamar la atención desde la distancia, saludo.

Brazos a la espalda (con manos cruzadas): tranquilidad, disfrute, intención pacífica, franqueza, respeto, buenas intenciones.

Brazos en jarra: superioridad, seguridad, confianza.

Brazos, acariciarse los (uno o ambos): falta de temperatura corporal.

Brazos, cruzar los: actitud defensiva, no aceptación, intención de mantener distancia con otra persona o situación, intención de no cambiar de parecer, actitud expectante, espera, barreras mentales o emocionales. *Acompañado de mirada hacia abajo:* reflexión, dudas, concentración, preocupación.

Brazos, extender los (a los lados del cuerpo): normalidad, expectación, aceptación, rendición, cansancio.

Brazos, levantar los (enseñando las palmas de las manos): intención pacífica, nada que ocultar, apertura, rendición.

Brazos; abrazar a otra persona: afecto, cariño, amor.

Cabeza, alzar la: dignidad, seriedad, firmeza, resolución, impaciencia, contención emocional.

Cabeza, apoyar la (en una o dos manos): prestar atención, reflexionar, centrarse en los propios pensamientos, aburrimiento.

Cabeza, asentir con la: afirmar, aceptar, acceder, estar de acuerdo, saludar.

Cabeza, bajar la: cansancio, desistimiento, agotamiento, impaciencia, falta de comprensión, reflexión, concentración.

Cabeza, negar con la: negación, falta de comprensión, no aceptación de una situación, arrepentimiento.

Cabeza, rascarse la: extrañeza, dudas, preocupación, falta de comprensión.

Caderas, ladear las: actitud de espera.

Cara, acariciarse la: transmitirse seguridad a uno mismo.

Cara, frotarse la: preocupación, dificultad de aceptar una noticia o situación.

Cara, pellizcarse la: sorpresa, malestar físico o psicológico, culpabilidad.

Cara, rascarse la: indecisión, dudas, culpabilidad.

Cejas, fruncir las: ira, enfado, agresividad.

Cejas, levantar las (en arco): sorpresa. *Una sola ceja:* superioridad, desconfianza, dudas.

Cejas, levantar las (oblicuamente): sorpresa, falta de comprensión, disgusto, angustia.

Cuello (movimiento de tragar): nerviosismo, ansiedad.

Cuello, frotarse el: dudas, reflexión, preocupación, fatiga psicológica o cansancio físico.

Cuello, rascarse el: dudas, incertidumbre.

Cuello; músculos estirados: tensión, nerviosismo, ira, deseo de centrar la atención en algo o alguien.

Cuerpo hacia atrás: rechazo, desinterés.

Cuerpo hacia delante: implicación, acercamiento, interés.

Dedo, alzar el (índice): reclamar atención, advertir.

Dedo, señalar con el: dirigir la atención, culpar, agresividad.

Dedo; poner el dedo índice delante de los labios: pedir silencio, concentrarse, escuchar con atención, indecisión.

Dedo; pulgar alzado con puño cerrado: comprensión, comunicación de que todo está bien, complicidad, acuerdo.

Dedos, rascarse con los (cualquier parte del cuerpo): dudas, incertidumbre, indecisión, frustración.

Dedos, tamborilear o jugar con los: nerviosismo, impaciencia, reflexión, dudas.

Dedos; juntar la punta de los dedos de una mano con los de la otra: confianza, superioridad, intención de enseñar o explicar.

Dedos; unir las yemas de los dedos, apuntando hacia arriba: explicación, precisión, detalle, exactitud.

Dientes, apretar los (con los labios retraídos): agresividad, hostilidad, amenaza, esfuerzo.

Distancia personal. *Más distancia:* respeto, desconfianza, rechazo de la comunicación. *Menos distancia:* deseo comunicativo, confianza, complicidad, agresividad, dominancia, hostilidad.

Entrepierna, tapar la: actitud defensiva, pudor, vergüenza, desvalimiento, indefensión.

Espalda, tocarse la (bajo la nuca): fatiga psicológica, cansancio físico, ganas de relajarse.

Espalda, tocarse la (zona inferior): dolor o molestias físicas, preocupación por la edad.

Frente lisa (con cejas normales): neutralidad emocional, seriedad.

Frente, arrugar la (con cejas fruncidas): ira, tristeza, enfado.

Frente, arrugar la (con cejas levantadas en arco): sorpresa, alegría, miedo.

Frente, arrugar la (con cejas levantadas oblicuamente): falta de comprensión, incredulidad, angustia, incomprensión.

Hombros, encoger los: desconcierto, duda, resignación, falta de interés, despreocupación, ignorancia.

Labio inferior, morderse el: preocupación, dudas, incertidumbre, deseo de agradar o llamar la atención, picardía.

Labios en posición normal: seriedad, normalidad, neutralidad.

Labios, apretar los: tensión, esfuerzo, concentración, contención, sufrimiento.

Labios, curvar los (hacia abajo): tristeza, enfado, aflicción, amargura, rechazo, desprecio.

Labios, curvar los (hacia arriba) [sonrisa]: felicidad, alegría, satisfacción, gusto, placer, estados positivos.

Labios, humedecer los (con la lengua): nerviosismo, dudas, indecisión.

Labios; sonrisa auténtica (sonrisa de Duchenne): alegría sincera y espontánea, simpatía, placer, humor o felicidad.

Labios; sonrisa falsa (gesto forzado, con tensión apreciable en la zona que rodea a la boca): sentimientos o pensamientos negativos.

Lágrimas. *De tristeza:* tristeza, pena. *De dolor:* sufrimiento físico o psicológico. *De alegría:* alegría espontánea y súbita.

Lengua, chascar con la: llamar la atención, disgusto.

Lengua, humedecer los labios con la: ver *Labios, humedecer los (con la lengua).*

Lengua, sacar la: mofa, burla, llamar la atención, cansancio o fatiga.

Llorar: ver *Lágrimas.*

Mano o manos tapando la boca: ocultación, secretismo. Ver *Boca, taparse la.*

Mano o manos, apretar las (formando puños): enfado, ira, agresividad.

Mano, enseñar la palma (con el brazo estirado): detener, parar, advertencia, actitud defensiva.

Mano, frotarse con la (cualquier parte del cuerpo): nervios, impaciencia.

Mano, rascarse con la (cualquier parte del cuerpo): impaciencia, dudas, falta de comprensión, indecisión.

Manos cruzar las: actitud defensiva, espera, actitud paciente, reflexión.

Manos, acicalarse con las (cualquier parte del cuerpo o la ropa): intención de transmitirse autoconfianza y seguridad, deseo de agradar, deseo de llamar la atención o despertar el interés.

Manos, agarrarse las: tensión, preparación.

Manos, apretar las (entre sí): tensión.

Manos, apretar las: tensión, preocupación, impaciencia, nerviosismo.

Manos, enseñar las palmas de las: ofrecer, mostrar, pedir, apaciguar, actitud abierta, sinceridad, explicación, aclaración, nada que ocultar.

Manos, frotarse las: satisfacción, preparación, expectación, interés o deseo elevado.

Manos, juntar las (tras la espalda): relajación, reflexión, autoridad, superioridad.

Manos, relajar las (abiertas o semicerradas sin realizar esfuerzo muscular): estabilidad emocional, espera o neutralidad.

Manos, taparse la entrepierna con las: actitud defensiva, indefensión.

Manos, tensar o crispar las: actitud defensiva, contención interior, enfado, ira.

Manos; frotar la palma de la mano contra una pierna: nerviosismo, impaciencia.

Mejillas ruborizadas: vergüenza, pudor, azoramiento, timidez, agitación o apuro (distinguir del rubor patológico, que provoca que algunas personas se ruboricen sin motivo).

Mejillas y pómulos en estado normal: seriedad, neutralidad.

Mejillas y pómulos hacia arriba: alegría, felicidad, humor y emociones positivas, sorpresa o alteración emocional.

Mejillas y pómulos hundidos o desplazados hacia abajo: tristeza, ensimismamiento o cansancio, desgaste físico.

Mirada: ver *Ojos*.

Nariz, fruncir la: enfado, concentración, preocupación.

Nariz, tocarse la: dudas, actitud pensativa, reflexión, nerviosismo, concentración, mentira.

Ojo, cerrar un (guiño): complicidad, coqueteo.

Ojos (mirar hacia arriba): paciencia, contención, intentar recordar.

Ojos (parpadeo rápido): sorpresa, toma de conciencia, darse cuenta de algo.

Ojos, cerrar los: rechazo de la comunicación, concentración, dolor.

Ojos, entrecerrar los: sospecha, recelo, desconfianza, actitud evaluativa.

Ojos, frotarse los: incredulidad, cansancio, fatiga, necesidad de relajación.

Ojos, taparse los: miedo, ocultación, rechazo de la comunicación, vergüenza.

Ojos; mirada de frente: atención.

Ojos; mirada de lado: sospecha, desconfianza.

Ojos; mirada de reojo: leve distracción.

Ojos; mirada recorriendo el cuerpo de otra persona: evaluación, deseo, interés, atención.

Ojos; mirada, alzar la: agotamiento de paciencia, dificultad para aceptar una situación, intento de recordar, cálculos mentales.

Ojos; mirada, bajar la: rechazo de la comunicación, timidez, vergüenza, pudor, sumisión.

Ojos; mirada, desviar la: distracción, mentira, ocultación, vergüenza.

Oreja, acariciarse la: nerviosismo, ansiedad, inquietud, reflexión, dudas o mentira

Oreja, tocarse la: actitud distraída, concentración en pensamientos.

Párpados, bajar los (cerrar los ojos): reflexión, cálculo, recuerdo, fatiga psicológica, cansancio físico.

Párpados; ausencia de parpadeo: excesivo interés (real o fingido), atención, sorpresa.

Párpados; parpadeo acelerado: sorpresa, toma de conciencia repentina, agitación interior súbita, nerviosismo.

Pecho, alzar el: dignidad, superioridad, firmeza, seguridad.

Pecho, apoyar una mano en el: sorpresa, disgusto, sinceridad, duda entre diferentes opciones.

Pecho, golpearse el: afirmación emotiva, intención de transmitirse ánimos y autoconfianza.

Pecho, hinchar el: dignidad, seguridad, firmeza.

Pelo, acicalarse o arreglarse el: deseo de parecer atractivo/a, coqueteo, deseo de atraer la atención, intención de transmitirse autoconfianza y seguridad.

Pelo, mesarse o acariciarse el: reflexión, intención de transmitirse autoconfianza y seguridad.

Pelo, tirarse del: nervios, agitación, falta de aceptación de una situación, inestabilidad emocional o mental.

Pie, estar de: ver *Postura; estar de pie.*

Pie/s en posición normal (formando un ángulo de algo más de 90° respecto a la pierna): normalidad, tranquilidad, estabilidad emocional, ausencia de agitación interior.

Pie/s estirado/s (tensar y destensar): aburrimiento, nerviosismo, dudas, incertidumbre, relajación, jugueteo, deseo de llamar la atención o despertar el interés.

Piernas, cruzar las: actitud defensiva, superioridad, resistencia, barreras mentales o emocionales.

Piernas, separar las (estando de pie): autoafirmación, confianza, seguridad, deseo de mantener una opinión o posición.

Pies abiertos (formando entre ellos un ángulo de aproximadamente 45°): normalidad, espera, neutralidad.

Pies semicerrados (ángulo inferior a 45°): actitud defensiva, timidez, pudor, vergüenza, reconocimiento de ignorancia en un determinado terreno.

Postura de acercamiento (inclinación hacia delante del cuerpo): atención e interés.

Postura de contracción (cabeza baja, espalda encorvada, pecho hundido y brazos caídos): actitud o ánimo deprimido, sentimiento de inferioridad, baja autoestima, tristeza, sumisión o rendición ante una situación.

Postura de expansión (tronco erecto, hombros y cabeza elevados y pecho hinchado): poder, orgullo, superioridad, desafío, dignidad, confianza o firmeza.

Postura de retirada (alejar el cuerpo respecto de otra persona): rechazo, repulsión, interrumpir o cortar la comunicación.

Postura; estar agachado: pausa, necesidad de descanso.

Postura; estar arrodillado: petición, súplica, sumisión.

Postura; estar de pie: preparación para la acción, disposición o cierto grado de activación.

Postura; estar echado: inacción y ausencia de activación.

Postura; estar sentado: pasividad, inmovilismo.

Pupilas, dilatación de las: atención, interés, deseo, motivación, gusto, placer, excitación.

Respiración pausada: calma, relajación, normalidad.

Respiración, acelerada: agitación, nerviosismo, ansiedad, esfuerzo físico.

Sentarse: ver *Postura; estar sentado.*

Sonrisa: ver *Labios.*

Tronco: expresa el estado de ánimo en función de la mayor o tensión muscular. A mayor tensión, más alteración interior y a menor tensión, menor alteración en el estado mental o anímico.

Uñas, morderse las: nerviosismo, ansiedad, preocupación.

Uñas, rascarse con las (cualquier parte del cuerpo): dudas, incertidumbre, indecisión, frustración.

Vientre, tocarse o acariciarse el: preocupación por forma física o estado de salud.

Voz, dudas en la: incertidumbre, inquietud, falta de confianza, inseguridad.

Voz, silencios con la. *Intencionados:* seguridad, confianza. *Involuntarios:* ocultación, mentira o dudas.

Voz, tono agudo en la: nerviosismo, sorpresa, alegría, miedo, incertidumbre, angustia, llanto.

Voz, tono grave en la: agitación interior, ira, seriedad.

Voz, uso de muletillas con la: inseguridad.

Voz, velocidad lenta de la: estabilidad emocional, autocontrol.

Voz, velocidad rápida de la: nerviosismo, impaciencia, urgencia, apasionamiento.

Voz, volumen alto de la: agitación interior, enfado, sorpresa, nerviosismo extremo.

Voz, volumen bajo de la: contención emocional, tristeza, inseguridad.

BIBLIOGRAFÍA Y RECURSOS

«Hay libros cortos que, para entenderlos como se
merecen, se necesita una vida muy larga».
Francisco de Quevedo (1580-1645).
Escritor español.

Caballo, V. E. (1997). *Manual de evaluación y entrenamiento de las habilidades sociales*. Madrid: Siglo XXI.

Condom, W. S. y Ogston, W. D. (1966). *Sound Film Analysis of Normal and Pathological Behavior Patterns*. Journal of Nervous and Mental Disease, vol. CXLII, pp. 338-347.

Cuddy, A. (2012). *Your body language shapes who you are.* New York: TED Conferences, LLC. Consultado desde http://www.ted.com/talks/amy_cuddy_your_body_language_shapes_who_you_are

Davis, F. (1976). *La comunicación no verbal*. Madrid: Alianza editorial.

Ekman, P. (2005*). Cómo detectar mentiras.* Barcelona: Paidós.

Hall, E. T. (1966). *The hidden dimension.* Garden City, N.Y.: Doubleday.

Hall, E. T. (1987). *La dimensión oculta*. México: Siglo XXI.

Hervás Fernández, G. (1998). *Cómo dominar la comunicación verbal y no verbal*. Madrid: Playor.

Heslin, R. (1974). *Steps toward a taxonomy of touching*. Documento presentado en el encuentro anual de la Midwestern Psychological Association. Chicago, IL.

James, J. (2010). *La biblia del lenguaje corporal: guía práctica para interpretar los gestos y las expresiones de las personas*. Barcelona: Paidós.

Kendom, A. (1970). *Movement Coordination in Social Interaction*. Acta Psychologica, vol. XXVI, pp. 22-63.

Kendom, A. (1972). *Some Relationships between Body Motion and Speech. Studies in Dyadic Communication.* A. Siegman y B. Pope (ed.). Pergamon Press: Nueva York.

Mehrabian, A. (1968*). Inference of attitudes from the posture, orientation, and distance of a communicator.* Journal of Consulting and Clinical Psychology, 32, 296-308. doi: 10.1037/h0025906

Mehrabian, A. (1971). *Silent Messages.* Belmont, CA: Wadsworth.

Mehrabian, A. (1995-2011). *"Silent Messages". A Wealth of Information about Nonverbal Communication (Body Language).* Albert Mehrabian, Ph. D. Consultado en http://www.kaaj.com/psych/smorder. html

Noves Idees per a la Xarxa, S.L. (2009). *Proverbia.net.* Valencia: Novixar. http://www.proverbia.net

Palmero, F. y Fernández-Abascal, E. G. (1998). *Emociones y adaptación.* Barcelona: Editorial Ariel.

Peñafiel Pedrosa, E. y Serrano García, C. (2010). *Habilidades sociales.* Madrid: Editex.

Ricci Bitti, P. E. y Cortesi, S. (1980). *Comportamiento no verbal y comunicación.* Barcelona: Gustavo Gili, D. L.

Scheflen, A. E. (1964). *The significance of posture in communication systems.* Psychiatry, 27, 316-331.

Szarota, P. (2011). *La sonrisa. Manual de usuario.* Barcelona: Aresta-UOC.

Tzu, S. (2009). *El arte de la guerra.* Madrid: Gaia ediciones.

Urpí, M. (2004). *Aprender comunicación no verbal. La elocuencia del silencio.* Barcelona: Paidós.

Watzlawick, P., Bavelas, J. B. y Jackson, D. D. (1995*). Teoría de la comunicación humana. Interacciones, patologías y paradojas.* Barcelona: Herder.

SOBRE MÍ

Nací en A Coruña (España) en 1973. Soy licenciado en Psicología por la Universidad de Santiago de Compostela.

Empecé desarrollando mi labor profesional como psicólogo ejerciendo desde la iniciativa privada, y poniendo en marcha un programa de deshabituación de conductas adictivas. Más tarde trabajé como orientador en un proyecto de inserción laboral destinado a jóvenes, colectivos desfavorecidos y personas en riesgo de exclusión social. En los últimos años he impartido actividades de formación tanto en el sector privado como en colaboración con la Universidad de A Coruña, combinándolas con una labor profesional en la empresa privada, y me he dedicado a escribir libros de psicología práctica.

Soy miembro de la Asociación Colegial de Escritores de España y formo parte de la Author Central de Amazon.com para escritores independientes.

Para saber más sobre mí y sobre mi trabajo, visite mi página web: http://www.ricardocalza.es

Puede enviarme sus sugerencias o comentarios a la dirección de correo electrónico: ricardocalza@hotmail.es

ERRATAS

En caso de que a lo largo del libro haya encontrado algún error o errata, por favor, no deje de indicármelo enviándome un correo electrónico.

www.ingramcontent.com/pod-product-compliance
Lightning Source LLC
Chambersburg PA
CBHW070355290526
45790CB00004B/1499

* 9 7 8 1 5 0 7 8 9 4 1 4 9 *